HEYNE BÜCHER

HEYNE SACHBUCH

E. L. Abel

Die geheimnisvollen Kräfte des Mondes

Unglaubliche Tatsachen über den Einfluß des Mondes auf Menschen und andere Lebewesen

WILHELM HEYNE VERLAG
MÜNCHEN

HEYNE-BUCH Nr. 7058
im Wilhelm Heyne Verlag, München

Genehmigte, ungekürzte Taschenbuchausgabe

Titel der amerikanischen Originalausgabe:
MOON MADNESS
Deutsche Übersetzung: Johannes van Straaten und Eva van Straaten
Umschlaggestaltung: Franz Wöllzenmüller, Unterhaching bei München
Umschlagfoto: Bavaria-Verlag, Gauting
Printed in Germany 1978
Gesamtherstellung: Presse-Druck, Augsburg
ISBN 3-453-00885-5

Inhalt

Vorsicht Vollmond!

Inspektor Wilfred Faust von der Polizeibehörde in Philadelphia nahm 1961 einen Bericht des ›Amerikanischen Instituts für medizinische Klimatologie‹ zu seinen Akten. Inspektor Faust äußerte sich dazu folgendermaßen: »Leute, deren asoziales Verhalten psychotische Ursachen hatte, z. B. Pyromane, Kleptomane, rücksichtslose Autofahrer und mörderische Alkoholiker, schienen bei beginnendem Vollmond besonders anfällig für Straftaten zu sein und beruhigten sich wieder bei abnehmendem Mond.«

Thomas P. Brophy, Leiter des ›Städtischen Büros zur Untersuchung von Brandschäden in New York‹, versicherte, daß nach seinen Erfahrungen mehr Brandstiftungen in Vollmondnächten passierten als in den übrigen Nächten des Monats. In diesen Nächten gab es für ihn und seine Männer erhöhte Alarmbereitschaft in sicherer Erwartung von Brandstiftungsdelikten, die, wie sie wußten, ihren Einsatz erfordern würden.

Autor und Verlag danken Llewellyn Publications für die Nachdruckerlaubnis einiger Auszüge aus dem Werk ›Buch der Mond-Charakteristika‹.

Vorwort

Die Welt der Wissenschaft ist ein nie endender Detektivroman, in dem der Wissenschaftler der Detektiv ist, der versucht, das Geheimnis zu lüften. Statt hinter einem alten Schreibtisch in einem baufälligen Bürohaus zu sitzen und auf eine attraktive Frau zu warten, die mit ihren Problemen zu ihm kommt, hat der Pionier der Wissenschaft meist einen abgetragenen Kittel an, beugt sich über ein Mikroskop und sucht damit z. B. nach winzigen Tierchen, die auf einem Objektträgerglas herumschwimmen, oder er beobachtet eine Ratte, die durch ein Labyrinth irrt. Sowohl der Detektiv als auch der Wissenschaftler haben es mit Rätseln zu tun. Die Rätsel, mit denen er kämpft, sind selten so dramatisch wie die Aufklärung eines Mordes an einem Mann in einem von innen abgeschlossenen Raum. Beides kann jedoch eine Frage auf Leben und Tod sein. Ursache und Heilmethoden des Krebses zu finden, woran Millionen Menschen sterben, ist nicht gerade der Stoff für Sensationsromane, nichtsdestoweniger mangelt es hierbei nicht an geheimnisvoller Spannung.

Warum schlägt das Herz? Wie fließt das Blut aufwärts gegen alle Schwerkraft? Wie fliegen Vögel und woher wissen sie, wohin sie fliegen müssen, wenn der Winter naht? Warum benötigen wir Schlaf? Wodurch wachen manche Menschen jeden Tag zur gleichen Zeit ohne Hilfe eines Weckers auf? Solche Fragen können ad infinitum fortgesetzt werden. Es gibt eben kein Ende in den Fragen nach den Wundern der Natur.

Was unternimmt der Forscher, um hinter die Naturgeheimnisse zu kommen? Wie ein Kriminalbeamter verfügt er über gewisse Hinweise, denen er nachgehen muß. Jedem Fortschritt gehen Fragen über Fragen voraus, Sackgassen, Enttäuschungen bleiben nicht aus, und zahlreiche Probleme müssen vorher gelöst, bereits bekannte Erkenntnisse geprüft und immer wieder geprüft werden, bis sich schließlich, falls ihm das Glück hold ist, das gewisse Etwas herauskristallisiert, welches der Schlüssel zu einem ganz bestimmten Vorgang ist.

Falls es eine bestimmte Krankheit ist, die er studiert, könnte das gewisse Etwas ein Virus oder irgendeine Bakterie sein. Meint er den möglichen Schuldigen gefunden zu haben, muß dem Verdächtigen Gelegenheit zu einem fairen und unparteiischen Prozeß gegeben werden. Er muß gründlichen Untersuchungen unterworfen werden, die sicherlich von einer Jury oder von Kollegen auf Herz und Nieren nachgeprüft werden. Wenn es sich schließlich ergibt, daß die Schuld des Angeklagten erwiesen ist, ist der nächste Schritt, ihn kaltzustellen. Hat er Glück, dann gelingt dem Forscher, ein Serum gegen den tödlichen Virus zu finden und damit dem durch diesen verursachten Leiden ein Ende zu setzen. Pocken und Kinderlähmung sind nur zwei Krankheiten, die in den USA fast vollkommen ausgerottet sind durch Impfstoffe, die wir dem Spürsinn der Gelehrten verdanken.

Aber nicht alle Wissenschaftler beschäftigen sich mit Krankheiten. Ihre Probleme sind oft von sehr unterschiedlicher Natur, und sie brauchen zu ihrer Bewältigung sehr verschiedene Spezialtechniken. Wie kann man z. B. die Wirkung von übermäßiger Sonnenbestrahlung auf den menschlichen Körper studieren? Wir können nicht menschliche Versuchskaninchen längere Zeit dem Sonnenlicht aussetzen, um zu sehen, was dann passiert.

Soll eine solche Frage beantwortet werden, müssen wir statt dessen Rückschlüsse aus Tierversuchen ziehen oder solche Menschen genau untersuchen, die zufällig zuviel Sonnenlicht abbekommen haben. So kommt man oft gewissen Kräften in der Natur durch Zufall auf die Spur. Ein Tier z. B. wird einer großen Dosis ultravioletter Strahlen ausgesetzt, und zwar solcher Strahlen, die von der Sonne kommen und uns den Sonnenbrand bescheren. Das zu diesem Zweck ausgewählte Tier ist gewöhnlich ein Säugetier. Auch wir gehören zu der Gattung der Säugetiere. Vielleicht kann der Tierversuch über die Gefahren zu großer Strahlung aufklären. Dadurch könnten wir auf experimentellem Wege erkennen, auf welche Weise sich Fälle von Überbestrahlung am besten behandeln lassen. Erweist sich diese Methode als brauchbar und sind wir von ihrer Ungefährlichkeit überzeugt, dann darf sie auch beim Menschen angewendet werden.

Die Arbeit mit ultravioletten Strahlen ist eine Methode, mit der die Forscher die Wirkung von einer Überdosis Sonnenlicht auf den Körper studieren. Man stelle sich einmal die Schwierigkeiten einer solchen Untersuchung vor, wenn man auf natürliches Sonnenlicht angewiesen wäre. An bewölkten Tagen könnte man nicht arbeiten. Überdies ließen sich die Untersuchungen nur während der Sommerzeit durchführen, von den Nächten ganz zu schweigen. Da man die Sonne nicht beeinflussen kann, würde eine solche Forschung sehr schwierig und zeitraubend sein. Glücklicherweise wissen die Forscher jedoch, daß es gerade die ultravioletten Strahlen sind, die Sonnenbrand verursachen, und diese Strahlen können sie in ihren Laboratorien erzeugen. Der Wissenschaftler, der die Auswirkungen des Mondes auf lebende Organismen auf der Erde studieren möchte, sieht sich mit einem besonders schwierigen Problem konfrontiert. Im Gegensatz zu Kollegen anderer Disziplinen kann er den Gegenstand seiner Studien nicht manipulieren. Er muß statt dessen geduldig warten, bis der Mond einen weiteren Umlauf um die Erde zurücklegt. Geduld ist für den am Mond und seinen Auswirkungen interessierten Forscher nicht nur eine Tugend, sie ist eine Notwendigkeit. Wenn er die Einflüsse des Vollmondes auf Lebewesen studieren will, seien es Pflanzen, Tiere oder Menschen, ist er darauf angewiesen, seine Beobachtungen in etwa monatlichen Abständen zu machen. Will er seine Ergebnisse nachprüfen, muß er wieder einen Monat warten. Kein Wunder also, daß nur sehr wenige Forscher bereit sind, ihr Leben dem Studium der Einwirkungen des Mondes auf lebende Organismen zu weihen.

Zuerst waren es unsere vorwiegend bäuerlichen Vorfahren, die auch über die notwendige Zeit und Geduld verfügten, Näheres über die Geheimnisse des Mondes in Erfahrung zu bringen. Monat um Monat, Jahr um Jahr beobachteten sie die Veränderungen im Pflanzenwachstum, bei den Tieren und selbst bei ihren Nachbarn. Nach solchen Beobachtungen, die sich über Jahrhunderte erstreckten, erkannten diese Menschen, daß während gewisser Mondphasen die Saat schneller keimt, Pflanzen höher wachsen. Die Tiere werden unruhig, und die Nachbarn benehmen sich manchmal sonderbar.

Über eine lange Zeit hin wurden diese Beobachtungen von der Wissenschaft als Volksaberglaube abgetan. Das größte Hindernis für die Anerkennung der Wirkung des Mondes auf Erdbewohner lag in der enormen Schwierigkeit, zu erklären, wie solcher Einfluß über eine nach Tausenden Kilometern zählende Entfernung zwischen Erde und Mond überhaupt zustande kommen konnte. Unsere Vorfahren waren der festen Überzeugung, daß die Erde gewissen Kräften ausgesetzt ist; schon aus dem einfachen Grund, weil sie die Wiederholung vieler Ereignisse mit dem Mondzyklus feststellten. Mit wachsender wissenschaftlicher Einsicht wurde man eher zurückhaltend in der Einschätzung, welche Ereignisse dem Einfluß des Mondes zuzuschreiben sind. In dieser Hinsicht verzögerte sogar wissenschaftliche Sophisterei unsere Erkenntnisse über die kosmischen Zusammenhänge zwischen Mond und Erde. Da viele Forscher unglücklich sind, wenn sie Naturereignisse nicht mit rationellen und allgemeingültigen Gesetzen belegen können, neigen sie dazu, das ihnen Unverständliche zu leugnen, als zuzugeben, daß da etwas existiert, was aber noch nicht zu erklären ist. Glücklicherweise lehnen nicht alle Wissenschaftler alles als unwichtig und verdächtig ab, was sie nicht verstehen. Verschiedene anerkannte Gelehrte haben in der Tat kürzlich viele längst bekannte Zusammenhänge zwischen den Bewegungen des Mondes und dem Leben auf der Erde wiederentdeckt. Ihre Studien lassen keinen Zweifel, daß der Mond unser tägliches Leben auf vielerlei Weise direkt und indirekt beeinflußt.

In diesem Buch habe ich versucht, Informationen aus verschiedenen Gebieten der Wissenschaft zusammenzutragen, die einige dieser sehr merkwürdigen und wichtigen Einflüsse verdeutlichen. Ich habe mich dabei bemüht, die Verwendung technologischer Begriffe soweit wie möglich zu beschränken. Es sollte dem Leser ermöglichen, ein besseres und umfassenderes Verständnis für die Tatsachen zu erlangen und ihm zu helfen, das bereits Bekannte und das noch auf diesem Gebiet zu Erforschende zu begreifen.

Wenn man ein Buch schreibt, gibt es immer unzählige Leute, denen man für ihre Hilfe und Mitarbeit zu Dank verpflichtet ist. Zwei Menschen gebührt hierbei mein besonderer Dank, und zwar meiner Frau Barbara Buckley sowie meinem Freund und Kollegen Dr. James York. Beide haben das Manuskript sorgfältig durchgelesen und wertvolle Kritik geübt.

1 Zeit, Blut und der Mond

Seit Menschengedenken schrieb man dem Mond ganz besondere Eigenschaften zu, die er auf Wachstum und Verfall, Fruchtbarkeit und Unfruchtbarkeit, Krankheit und Gesundheit und sogar auf das Schicksal der Völker ausübte.

Wer mit der griechischen Sage vertraut ist, wird sich erinnern, daß im Jahre 490 a. Chr. die persische Armee Griechenland zu überrennen drohte. Nur durch das tapfere Standhalten der ganz auf sich selbst gestellten Athener in der Schlacht von Marathon wurde das verhindert. Warum mußten die Athener allein kämpfen ohne die Unterstützung ihrer mächtigen spartanischen Verbündeten? Der Grund lag darin, daß die Spartaner nur bei Vollmond in den Krieg zogen. Diese Einstellung hielt sie davon zurück, den zahlenmäßig unterlegenen Athenern zu Hilfe zu kommen. So blieben die Spartaner in ihren Quartieren und überließen die Verteidigung Griechenlands den Athenern. Hätten sich die Athener militärisch in gleicher Weise verhalten, würde unsere westliche Zivilisation einen völlig anderen Verlauf genommen haben.

Wie man in der Tat sieht, wurden die Bewegungsabläufe des Mondes von den meisten Völkern der Antike sehr wichtig genommen. Einstmals wurde der Mond als Gottheit verehrt und noch ranghöher als der Sonnengott eingestuft. Die Hebräer des Alten Testaments bezeugten dem Mond z. B. eine ganz besondere Verehrung. Die Zeit um den Neumond herum, für sie gleichbedeutend mit Monatsanfang, wurde mit Pomp und Zeremoniell als wichtigstes religiöses Ereignis gefeiert. An solchen Tagen mußten die Leute ihre Werkzeuge niederlegen und auch sonstige tägliche Verrichtungen ruhen lassen, um die Riten genau befolgen zu können. Den Hintergrund für die Festlichkeit bildete der Glaube, daß der Mond den Pflanzenwuchs fördere und die Ergiebigkeit der Ernten sichergestellt sei, wenn das Aussäen bei zunehmendem Mond stattfände. Daher galt das Erscheinen des Neumondes als Zeichen für den Beginn des Wachstums der Pflanzen.

Die dem Mond entgegengebrachte Verehrung galt nicht nur seinem Einfluß auf das Wachstum der Pflanzen; man glaubte auch, daß der Mond viele andere wichtige Ereignisse beeinflusse. Die Tatsache, daß der Zeitabstand zwischen zwei Neumonden genau mit der Dauer des Menstruations-Zyklus der Frauen übereinstimmte, ließ vermuten, daß dieser Himmelskörper irgendwie im Zusammenhang mit der menschlichen Fruchtbarkeit stünde. Bei den Babyloniern herrschte der Glaube, daß Ischtar, die Mondgöttin, ihre Monatsblutung zur Zeit des Vollmondes habe. Infolgedessen wurde diese Periode der üble Tag genannt, der ›Sabattu‹, von dem das Wort ›Sabbat‹ abgeleitet ist.

Neben seiner Bedeutung als Gottheit, wobei die zunehmende und abnehmende Phase als Sinnbild für Zeugung und Erneuerung, Geburt und Tod, Wachstum und Verfall galten, gab der Mond den Menschen ein Mittel in die Hand, mit Zeiteinheiten zu rechnen, die länger waren als ein Nacht- und Tagzyklus der Sonne. So kam es, daß die ersten Kalender auf dem allmächtigen Mondzyklus aufgebaut wurden und Tausende von Jahren Geltung hatten, bis man präzisere Methoden zur Zeitberechnung erfand.

Dank des vermuteten Einflusses des Mondes auf die Körpersäfte haben sich die Ärzte von alters her sehr für die Mondbewegungen interessiert. Noch bis ins achtzehnte Jahrhundert war die Ärzteschaft Anhänger der Lehre des Hippokrit (5. Jahrhundert a. Chr.), demzufolge der Körper vier Hauptsäfte enthielt – Blut, Schleim, Galle und Lebergalle. Diese Säfte, so glaubte man, entsprachen den vier Temperamenten, nämlich dem sanguinischen, dem phlegmatischen, dem cholerischen und dem melancholischen. Außerdem wurden diese vier Temperamente noch in heiß und kalt, trocken und naß untergliedert. So wie man durch Beobachtungen feststellte, daß der Mond für die Gezeiten im Meer, also Flut und Ebbe, verantwortlich war, glaubte man auch an seinen Einfluß auf den Fluß der Säfte im Körper. Sobald diese Einwirkung manche Menschen aus dem Gleichgewicht brachte, betrachtete man sie als gestört, also krank. In manchen Ausdrücken wie ›kaltblütig‹, ›warmherzig‹, ›heißblütig‹ und ›hitzig‹ lebt die Erinnerung an diesen Glauben fort.

Dieser Glaube an die Rolle der Säfte bei Krankheit und Temperament hatte unmittelbar zur Folge, daß die Ärzte alle Menschen, die Krankheitssymptome aufwiesen, zur Ader ließen. Der englische Arzt Gilbertus Anglicus (1170–1230) berichtet uns von einer Frau, die über quälenden Schmerz im rechten Handgelenk klagte. Wegen ihrer Korpulenz vermutete Gilbertus, daß sie zuviel Blut hatte, und er entschloß sich, mittels Aderlaß aus dem rechten Handgelenk und dem linken Fuß so lange Abhilfe zu schaffen, bis sie ungefähr eine Pinte Blut verloren hatte. Nach einer Stunde zapfte er der Patientin eine weitere Pinte Blut ab. Anscheinend half diese Behandlung, da die Frau versicherte, keine Schmerzen mehr zu haben, und Gilbertus bat, einen weiteren Aderlaß vorzunehmen, damit die Schmerzen nicht zurückkehren sollten.

Aus dem Mittelalter ist uns ein Zeugnis über die Wirksamkeit dieser Methode überliefert:

Ein Aderlaß zu machen nutzt:
Er Geist und Sinne ganz entschmutzt,
erhöht der Männer Manneskraft –
es hilft dabei der Rebensaft –
gesundet auch das Knochenmark,
hält Hirn und Auge klar und stark,
macht Appetit, der Schlaf wird fest,
dank Körpersäften, frischer jetzt,
ein Innenleben ungestört;
man besser spricht und schmeckt und hört.

Schließlich wurde der Aderlaß als allgemeine Behandlungsmethode für Schmerzen und Krankheiten so bekannt, daß überall in Europa Badestuben eingerichtet wurden. Die heute noch bei Friseuren gebräuchliche rotweiße Stange ist ein aus jener Zeit überliefertes Symbol, als die Bader (alte Bezeichnung für Barbiere) nicht nur die Haare schnitten, sondern auch für festes Entgelt zur Ader ließen. Die blutbefleckten Bandagen wurden dann vor der Badestube wie andere schmutzige Wäsche zum Trocknen aufgehängt. Als die Bader durch Gesetze gezwungen wurden, ihre Tätigkeit auf das Haarschneiden zu beschränken, behielten sie das rotweiße Symbol ihrer ›blutigen‹ Vergangenheit als Zunftzeichen bei, da es so unverwechselbar an den Barbierberuf von damals erinnerte.

Mit der ständig wachsenden Popularität des Aderlassens, wie das Abzapfen von Blut genannt wurde, galt die Blutentnahme bei Patienten als wichtige Behandlungsmethode, die von allen angehenden Ärzten beherrscht werden mußte. Jeder Student, der später ein tüchtiger Arzt zu werden hoffte, wurde von seinen Lehrern angehalten, sich auch mit den Bewegungen des Mondes vertraut zu machen und dies als Pflichtfach in sein Studienprogramm mit aufzunehmen. La Martinière, ein französischer Arzt im späten Mittelalter, empfahl seinen Studenten die geeignetsten Mondphasen, in denen ein Patient zur Ader gelassen werden sollte: »In seinem ersten Viertel ist er (der Mond) warm und feucht; in dieser Periode ist es gut, Sanguinikern Blut abzunehmen; im zweiten Viertel ist er warm und trocken; dann ist es am günstigsten für Choleriker. Im dritten Viertel ist er kalt und feucht, dann wäre es für Phlegmatiker richtig; und im vierten Viertel ist er kalt und trocken, das ist die Zeit, Melancholiker zur Ader zu lassen.«

Obwohl der Aderlaß als Therapiemethode nicht mehr von Barbieren und Ärzten praktiziert wird, ist der Einfluß des Mondes auf das Bluten von Wunden ein Thema von ständigem Interesse für Ärzte. Dr. Edson J. Andrews, ein Chirurg aus Tallahassee, Florida, hat unlängst die Ergebnisse einer von ihm durchgeführten Studie bekanntgegeben. Danach fand er den alten medizinischen ›Aberglauben‹ bestätigt, daß die Blutungen während und nach einer Operation bei Vollmond stärker sind als zu anderen Zeiten.

»Ich und auch andere Chirurgen haben bei Augen-, Ohren-, Nasen- und Halsoperationen beobachtet«, schreibt Dr. Andrews, »daß der menschliche Körper zu bestimmten Zeiten zu größeren Blutungen neigt. Es gibt Tage im Operationssaal, wo der Blutverlust keine große Rolle spielt, zu einer anderen Zeit hingegen sind hartnäckige und ärgerliche Blutungen die Regel.«

Dr. Andrews wurde zuerst von seiner Assistentin darauf aufmerksam gemacht. Sie hatte ohne sein Wissen alle Fälle auf dem Kalender vermerkt, bei denen große Blutungen vorgekommen waren. Anhand dieser Unterlagen war es ihr gelungen, nachzuweisen, daß diese schwierigen Fälle tatsächlich mit der Zeit um den Vollmond herum zusammenfielen. Dr. Andrews Interesse wurde geweckt, und er begann, die umfangreiche Literatur auf medizinischem Gebiet durchzuarbeiten, um ähnliche Beobachtungen anderer Ärzte ausfindig zu machen. Doch nirgendwo konnte er eine seriöse Abhandlung finden, weder im positiven noch im negativen Sinn, die sich mit dem Zusammenhang zwischen Mond und Blutungen auseinandergesetzt hatte. »Die Forscher waren sich alle darüber einig, daß es sich um einen Volks- und Aberglauben handelte und es keine wissenschaftlichen Beweise für eine Hypothese gäbe«, meinte er, »aber unglücklicherweise war es ihnen niemals eingefallen, Material zur Bekräftigung ihrer Aussagen vorzulegen.« Um den Fall so oder so zu klären, begann er, Unterlagen über alle Mandeloperationen aus den Jahren von 1956 bis 1958 zusammenzufassen.

Nachdem er diese drei Jahrgänge mit weit mehr als tausend Patienten ausgewertet hatte, stellte Dr. Andrews fest, daß 82 Prozent aller Fälle mit größeren Blutungen während der Operation sich auf die Zeit zwischen dem ersten und dritten Viertel des Mondes konzentrierten mit einer Spitze um den Vollmond. »Diese Daten waren für mich so überzeugend«, schreibt Dr. Andrews, »daß ich in Gefahr war, ein Zauberdoktor zu werden und nur noch in dunklen Nächten operierte. Die Vollmondnächte waren dann für Liebesromanzen frei.«

Was Dr. Andrews herausgefunden bzw. wiederentdeckt hatte, war, daß die Mondphase bei der Behandlung Kranker beachtet werden sollte, weil die Nichtbeachtung für den Patienten unangenehme Folgen haben könnte. Doch während Dr. Andrews sich erst noch von der Wahrheit dieser uralten Tatsachen überzeugen mußte, hatten es viele seiner Patienten längst begriffen und verzichteten auf eine Behandlung während des Vollmondes, wo die heftigsten Blutungen auftraten. Als Dr. Andrews seine Kollegen über diese Tatsache informierte, gab er freimütig zu, daß »Laien vielleicht mehr als wir darüber wissen und zu dieser Zeit nur sehr zögernd die Klinik aufsuchen«.

In der Fakultät für Biologie der Wichita-Staatsuniversität, Wichita, Kansas, hat Professor Harry D. Rounds Experimente durchgeführt, die beweisen, daß sowohl menschliches als auch tierisches und Insektenblut einen ›Lebens‹-Faktor enthält, der den Pulsschlag beeinflußt. Zu seiner größten Verwunderung entdeckte Professor Rounds außerdem, daß sich das Vorhandensein des ›Lebens‹-Faktors quantitativ nach der Mondphase richtet.

Um diesen erstaunlichen Zusammenhang zwischen Mond und ›Lebens‹-Faktor darzustellen, entnahm Dr. Rounds Blut von einigen Männern, die vorher Treppen rauf- und runtergerannt waren. Ebenso wurde Mäusen und Kellerasseln Blut entnommen, nachdem man sie durch Schütteln in einem Krug oder Terrarium ›gestreßt‹ hatte. Auf diese Weise wurden Blutproben über einen Zeitraum von Monaten genommen.

Das Vorhandensein des ›Lebens‹-Faktors wurde nachgewiesen, indem man einen Blutstropfen auf ein vorher entferntes und in einem Spezialgerät am Leben gehaltenen Herz einer Kellerassel fallenließ.

Dr. Rounds fand heraus, daß menschliches Blut nach einem Streß das Herz einer Kellerassel nur dann schneller schlagen ließ, wenn es kurz nach Neumond oder Vollmond dem Körper entnommen war. Ein gleiches Verhalten zwischen Pulsschlag und Blut ergab sich bei Tests zwischen Kellerasseln und Mäusen. Typischerweise sank die Fähigkeit, den Pulsschlag zu beschleunigen, bei Menschen-, Mäuse- und Kellerasselnblut (unter Streßbedingungen gewonnen) auf den Nullpunkt während der übrigen Monatsperioden.

Dr. Rounds bemerkt dazu, daß das Verschwinden von ›Lebenskraft‹ aus dem Blut nach einem erlittenen Streß dem Verlust dieses bisher noch nicht bestimmten Faktors zugeschrieben werden könnte, und zwar als Folge einer Veränderung bis zu einem Punkt, wo dessen Aktivität ganz aufhört. Die Tatsache, daß die Aktivität noch kurz nach Neumond oder Vollmond spürbar ist, hat eine besondere Bedeutung, weil dadurch gezeigt wird, daß während dieser Perioden die ›Lebenskraft‹ des Körpers am stärksten ist.

Diese Ergebnisse, so schlußfolgert Dr. Rounds, »gestatten nur wenige Alternativen, wonach ein direkter bzw. indirekter Zusammenhang zwischen Mondphasen und chem. Reaktion des Blutes von Kellerasseln, Mäusen und Menschen besteht«.

Genau wie bei anderen Disziplinen wächst der wissenschaftliche Erfolg mit ständigem Untersuchen, Forschen und Testen neuester Erkenntnisse. So gewinnt die Wissenschaft an Bedeutung von Generation zu Generation, von Land zu Land, dank der Arbeit von Menschen, die sich nicht mit Alltagserklärungen zufriedengeben wollen und langgehegten Vorstellungen mit besseren Argumenten zu begegnen wissen. Wenn es den Wissenschaftlern widerstrebt, die Existenz gewisser Möglichkeiten auch nur in Erwägung zu ziehen, werden die wissenschaftlichen Erkenntnisse der Beziehungen zwischen dem Menschen und seiner Umwelt bald keine Fortschritte mehr machen.

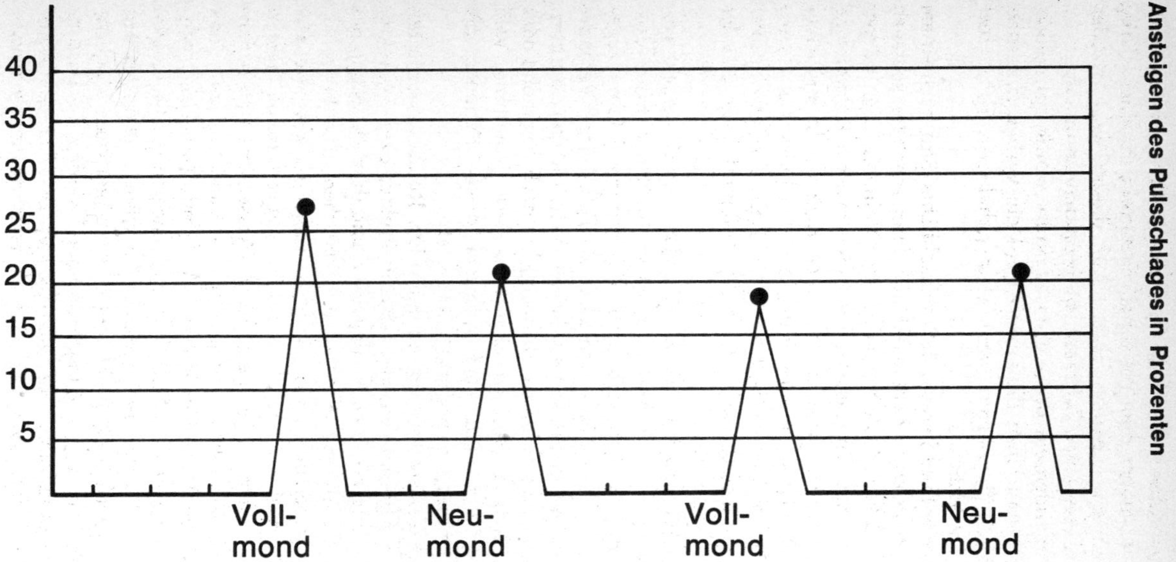

Zunahme des Pulsschlags bei menschlichem Blut nach Treppensteigen in bezug auf die Mondphasen. Der ›Lebens‹-Faktor ist am stärksten etwa 2 Tage nach dem Neumond und Vollmond (nach Rounds, 1975).

Das Unvermögen, den Einfluß des Mondes auf irdische Vorgänge zu erklären, scheint das größte Hindernis für die Anerkennung solcher Phänomene zu sein. Die Völker der Vergangenheit untersuchten die Zusammenhänge zwischen Wirkung und Ursache weniger gründlich, als wir es heute tun. Sie glaubten fest an die Existenz dieser Zusammenhänge, und zwar aus dem einfachen Grund, weil sie das gleichzeitige Auftreten gewisser Erscheinungen und den jeweiligen Zustand dieses Himmelskörpers sahen. Seit die moderne Wissenschaft es dem Menschen erlaubt, sich ein besseres Bild zu machen, auf welche Weise Veränderungen entstehen und wie diese ihrerseits neue Veränderungen bewirken, ist diese empirische Methode nicht mehr akzeptabel.

Obwohl sich die Forscher bemüht haben, die Beziehungen zwischen Naturereignissen und anerkannten Prinzipien zu begründen, gab es dennoch Schwierigkeiten, was den Mond angeht. Unter Berücksichtigung allen bisher vorliegenden Beweismaterials wäre es unsinnig, solche Einflüsse abzustreiten, nur weil es uns an einer Erklärung dafür mangelt.

Der Glaube an den Einfluß des Mondes auf gewisse biologische Prozesse wird in wissenschaftlichen Kreisen oft noch als amüsante Angelegenheit abgetan; doch hat es den Anschein, daß sich jetzt langsam ein Meinungswechsel durchsetzt. So äußerte z. B. Sir Bernard Lovell, Direktor am Jordell Bank Observatorium in England, in der Londoner *Sunday Times* (vom 15. März 1963) seine Meinung darüber folgendermaßen: »In den letzten Jahren sind einige merkwürdige und schwer erklärbare Querverbindungen zwischen Mondphasen, Regenfall, Meteoreinschlägen, magnetischen Stürmen und Geistesgestörtheit aufgedeckt worden; es hat fast den Anschein, daß wir uns durch eine Nebelwand von Mutmaßungen bewegen, um den uralten Glauben an den Zusammenhang zwischen Mond und Wahnsinn bestätigt zu finden.«

Eine eindrucksvolle Anzahl seriöser wissenschaftlicher Veröffentlichungen ist in letzter Zeit erschienen und erhärtet viele der Vorstellungen aus vergangener Zeit, die von Dr. Lovell angeführt wurden. Ansteigen der Geburtenrate, des Pflanzenwuchses und der Morde wurden von hervorragenden Gelehrten den Mondphasen zugeschrieben. Diese sowie andere ›Entdeckungen‹ näher in Augenschein zu nehmen, ist der Sinn dieses Buches.

Auf den nachfolgenden Seiten habe ich den Versuch unternommen, im Hinblick auf den Einfluß des Mondes auf lebende Organismen die Ideen und Beobachtungen aus der Vergangenheit in Beziehung zu setzen mit Erkenntnissen der modernen Wissenschaft. Weil die Materie so voller Widersprüche steckt, habe ich dieser Abhandlung eine ausführliche Bibliographie angegliedert. Beim Überfliegen dieses Quellenmaterials dürfte auch der skeptischste Leser überzeugt sein, daß es sich bei den Männern, deren Arbeiten ich hier diskutiere, weder um Spinner noch um Scharlatane handelt, sondern um ernst zu nehmende Forscher, und daß die Fachblätter, in denen ihre Beiträge publiziert wurden, zu den besten auf wissenschaftlichem Gebiet zählen.

2 Einige Tatsachen und Fantasien über den Mond

Vor vielen tausend Jahren und vor Beginn einer eigentlichen Zivilisation müssen unsere Urahnen ihren Blick zum Himmel gerichtet und sich über seine Geheimnisse gewundert haben. Das Auf- und Untergehen der Sonne, das wechselnde Erscheinungsbild der funkelnden Sterne und das sich ständig ändernde Antlitz des Mondes muß ihre Neugierde und Bewunderung geweckt haben. Aber besonders dem Mond bezeugten sie ihre Dankbarkeit; denn er allein erhellte die Dunkelheit mit ihren lebensbedrohenden Gefahren in Gestalt von geduldig und lautlos lauernden Feinden und Raubtieren. Mondlicht spielte eine wichtige Rolle, als unsere Steinzeitvorfahren ihre Höhlen verließen, um sich als Nomaden auf lange und gefährliche Wanderungen durch die Wüsteneien der Alten Welt in fremde, unbekannte Gebiete zu begeben. Da diese Trecks tagsüber unter der Sonnenhitze sehr zu leiden hatten, waren diese urzeitlichen Karawanen auch nachts unterwegs mit dem lichtspendenden Mond als einzigem Begleiter in der Unwirtlichkeit.

Die Notwendigkeit, mit dem Zeitablauf zu leben, war ein weiterer wichtiger Faktor, daß die Menschen sich den voraussagbaren Bewegungen des Mondes anvertrauten. Die Sonne diente dazu, die Ereignisse nach Tagen und Jahreszeiten zu ordnen; aber die Mondphasen in ihrer ausgeprägten und periodischen Erscheinung eigneten sich zum Bestimmen von Zeitabständen von sieben, vierzehn, einundzwanzig und achtundzwanzig Tagen oder deren Vielheit. Daher wurde es Brauch, von vergangenen Monden zu sprechen, und nicht davon, wievielmal die Sonne auf- und untergegangen war. Aus diesem Grund basierten die frühzeitlichen Kalender fast ausschließlich auf den Bewegungen des Mondes. »Der Mond wurde zum Zählen der Tage geschaffen«, sagt der altjüdische Midrasch, und tatsächlich können wir aus fast allen fragmentarisch erhaltenen Berichten längst versunkener Zivilisationen Hinweise finden, daß der Mond schon damals eine Kalenderfunktion ausgeübt hat. Und selbst, als sich bodenständige Gesellschaftsformen entwickelten und die Sonne einen wichtigen Platz im Leben der Gemeinschaft einnahm, erfolgte die Berechnung der Zeit immer noch nach Mondumläufen oder Dutzenden von Monden, was man irrtümlicherweise ›Jahre‹ nannte.

Die Zuverlässigkeit des Mondes wegen seines Lichtes und seiner chronologischen Bedeutung trug nicht wenig zum Entstehen der Mondkulte bei, die zur Anbetung des Mondes als Gottheit führten. Den ersten Hinweis auf einen Mondkult in grauer Vorzeit findet man auf einer 12 000 Jahre alten prähistorischen Wandzeichnung in der Ariège-Höhle in Frankreich. Diese Zeichnung stellt einen in ein Tierfell eingehüllten Mann dar, der Hörner auf dem Kopf trägt und von einigen Tieren umgeben ist. Vermutlich wollte der Höhlenkünstler eine Fruchtbarkeitsszene darstellen, in der reichlich Wild vorhanden war und der Jäger seine Beute leicht ausmachen konnte. Das Bemerkenswerte an dieser Zeichnung, im Hinblick auf seine religiöse Bedeutung, ist die hornförmige Krone auf dem Haupt des Mannes. Wir wissen heute, daß das Horn in alter Zeit allgemein als Symbol für den Mond galt, wahrscheinlich weil das Horn an die Form des zunehmenden Mondes erinnert. Ähnliche hornförmige Figuren kann man auf Darstellungen alter Kulturen in Kleinasien, Babylonien, Ägypten, Griechenland, im Römischen Reich, in England, Afrika und sogar in Amerika finden.

Die Ruinen eines großen Tempels in Ur in Vorderasien sind in diesem Zusammenhang besonders interessant; denn diese Stadt war als Sitz des Mondkultes im biblischen Mesopotamien bekannt. Wer mit dem Alten Testament vertraut ist, wird sich erinnern, daß der Patriarch Abraham in Ur in Chaldäa gelebt haben soll, und viele Gelehrte sind der Meinung, daß es sich bei den beiden Städten Ur um ein und dieselbe Siedlung handelt. Mit großer Wahrscheinlichkeit waren Abraham und die Seinen Anbeter des Mondgottes, noch bevor sie den Glauben an den Gott des Alten Testaments annahmen. Erinnerungen an diesen alten Mondkult der Hebräer sind noch im Judaismus erhalten. So bestehen u. a. gewisse enge Beziehungen zwischen Festlichkeiten dieser Religion und den Mondphasen. Zum Beispiel wird das jüdische Osterfest bei Vollmond gefeiert. Das

Jahr der Juden basiert ebenfalls auf dem Mondmonat; aber man hat Schaltjahre eingeschoben, damit durch diesen Extramonat alle neunzehn Jahre der Kalender mit dem Sonnenjahr in Einklang gebracht wird.

Obwohl der Mond auch heute noch nichts von seinem Zauber eingebüßt hat, wissen die meisten von uns im zwanzigsten Jahrhundert nur sehr wenig über die Ursache seiner Bewegungen oder stetigen Veränderungen seiner Gestalt und Farbe. Diese Bewegungen und Veränderungen spielen eine wichtige Rolle bei den tatsächlich wahrnehmbaren Einflüssen des Mondes auf die Erde und viele ihrer Bewohner. Daher scheint es angebracht, eine kurze Übersicht über einige Tatsachen und Mutmaßungen unseres Trabanten zu geben.

Der Mond kreist als ein 73,5 Trillionen Tonnen schwerer Satellit um die Erde. Sein Durchmesser beträgt 3476 km (der Erddurchmesser am Äquator mißt vergleichsweise 12 740 km), und sein Abstand von der Erde beläuft sich auf 384 404 km. Einstmals nahmen die Astronomen an, daß Sonne, Erde, Mond und die übrigen Planeten ursprünglich eine einzige große Gaswolke gebildet hätten. Nach dieser Theorie zog sich die Gaswolke zusammen, wodurch die freikommende Materie sich später kondensierte. Dadurch formten sich die Planeten mit ihren Monden. Nach einer zweiten Theorie von George Darwin, einem Sohn des berühmten Biologen Charles Darwin, war die Erde einstmals eine sich schnell drehende Masse geschmolzener Materie, von der sich der Mond infolge der Fliehkraft getrennt hatte. Als dann aber am 20. Juli 1969 die amerikanischen Astronauten Neil A. Armstrong und Edwin E. Aldren jr. vom Raumschiff ›Apollo 11‹ auf dem Mond landeten, brachten sie Beweise zurück, daß beide Theorien nicht stimmen konnten. Einige Tage, nachdem die ersten Erdbewohner auf der Mondoberfläche spazierengegangen waren, startete ihr Raumschiff zum Rückflug nach der Erde und brachte etwas noch nie Dagewesenes mit, nämlich ca. 22 kg Mondgestein, zum Teil etwa 4,5 Milliarden Jahre alt. Seit diesem historischen Flug fanden noch weitere Besuche auf dem Mond statt, und viele Steine wurden von ihm zur Erde gebracht. Eine Untersuchung derselben ergab keine Übereinstimmung mit auf der Erde vorkommenden Steinen. Daraus folgt, daß die Behauptung, Erde und Mond hätten einen gemeinsamen Ursprung, von den geologischen Gegebenheiten nicht unterstützt wird. Während die Wissenschaftler immer noch nicht den Ursprung des Mondes erklären können, wissen sie jetzt wenigstens, dank des kürzlich durchgeführten amerikanischen Weltraumprogramms, wo man nicht nach der mysteriösen Vergangenheit des Mondes zu suchen braucht.

Die Umlaufbahn des Mondes um die Erde wird von den gleichen physikalischen Gesetzen bestimmt, nach denen auch die von Menschen geschaffenen Satelliten um die Erde kreisen. Da jedoch der Mond weit größer ist als die Satelliten von Menschenhand, gehen von ihm beachtliche Kräfte aus, die für ihn selbst noch wirkungsvoller sind als für die Erde.

Eines aber steht fest; der Mond strahlt kein eigenes Licht aus. Er reflektiert nur die Sonnenstrahlen zur Erde, auch dann noch, wenn die Sonne schon hinter dem Horizont untergegangen ist. Von der Erde aus gesehen erscheint der Mond nur dann vollkommen hell, wenn er in Opposition zur Sonne und die Erde zwischen beiden steht. Aber auch dann reflektiert er nur sieben Prozent des Sonnenlichtes, das auf ihn einfällt. Wenn der Mond zwischen Sonne und Erde steht, wird nur seine von der Erde abgewandte Seite beschienen, während die der Erde zugewandte Seite im Dunkeln verbleibt. Zwischen den beiden Extremen ist der Mond nur teilweise erhellt. Diese Abschnitte nennt man Phasen und unterscheidet zwischen Neu- und Vollmond bzw. dem ersten und letzten Viertel.

Wenn der Mond ›voll‹ ist, sehen wir ihn als silbern glänzende Scheibe im Osten aufgehen, um Mitternacht seinen höchsten Stand erreichen, wonach er langsam gen Westen absinkt. Obwohl die Intensität des vom Vollmond auf die Erde gestrahlten Lichtes nur einem 1/500 000stel Teil des Sonnenlichtes entspricht, wurde früher in vielen Teilen der Welt geglaubt, daß das Sehvermögen beim Schlafen im Vollmondschein geschwächt würde. Zum Beispiel pflegten Seeleute, die nachts an Deck schliefen, bei Vollmond ihr Gesicht zu bedekken, da sie überzeugt waren, daß sie unter teilweiser Blindheit zu leiden hätten, wenn der Mond sie beschiene.

Beim Durchlaufen seiner elliptischen Bahn um die Erde aus einer der Sonne entgegengesetzten Position nähert sich der Mond der Sonne und beginnt ›abzunehmen‹; er wird immer kleiner, reflektiert weniger Sonnenstrahlen und geht schließlich zwischen Erde und Sonne durch. In dieser Position ist diejenige Seite des Mondes, welche Sonnenstrahlen empfängt, für uns fast unsichtbar. Die Periode, wenn der Mond etwas über oder unter der Sonne steht, nennt man Konjunktion. Es ist die Zeit des Neumondes. Wenn die Mondbahn, anstatt etwas ober- oder unterhalb der Sonne zu verlaufen, genau zwischen Sonne und Erde liegt, findet eine Sonnenfinsternis statt. Hierauf kommen wir gleich zu sprechen.

Wenn der Mond sich wieder rundet, sagen wir »er nimmt zu«. Bei Halbmond, das heißt wenn er im rechten Winkel zur Erde und Sonne steht auf seinem Weg zum Vollmond, ist er in seinem ersten Viertel. Wenn er dann, nachdem er sich zum Vollmond gerundet hat, wieder kleiner wird, sagt man, »er nimmt ab«. Während dieser Abnahmephase nimmt der Mond abermals eine Position im rechten Winkel zur Sonne ein; er ist dann wieder ein Halbmond und steht in seinem dritten oder letzten Viertel.

Der rhythmische Wechsel der Gestalt des Mondes war nicht nur eine Quelle von Inspirationen für Poeten und Schriftsteller aller Zeiten, auch in Wiegenliedern ist er besungen worden wie zum Beispiel in diesem Vers:

Jack und Jill stiegen auf den Hügel
und holten Wasser in dem Kübel;
da fiel Jack hin, die Krone brach er,
so ging's auch Jill, sie stürzte nachher.

Hier finden wir verborgene Anspielungen auf den Mond. Der Fall von Jack und das ›nachfolgende Stürzen‹ von Jill, beide symbolisieren das Abnehmen des Mondes. Auch die Namen von Jack und Jill sind in diesem Zusammenhang erwähnenswert, denn der Name ›Jack‹ kommt von einem Verb, das ›wachsen, größer werden, sich ausdehnen‹ bedeutet, während der Name ›Jill‹ mit dem Begriff ›in Stücke brechen, sich auflösen, kleiner werden‹ verbunden ist. Daher die Anwendung beider Namen im Vers als Personifizierung für zunehmenden und abnehmenden Mond. Dem Kübel mit Wasser kommt ebenfalls eine tiefere Bedeutung zu, da der Mond ursprünglich mit Regen und Tau in Verbindung gebracht wurde. In einem anderen Kapitel wird hierauf näher eingegangen. Das Wechselverhalten des Mondes hinterläßt also auch seine Spuren in der menschlichen Fantasie, wobei es oft die Grenzen des Bekannten und zu Erwartenden überschreitet.

Sowohl die Farbe als auch die Gestalt des Mondes unterliegen periodischen Veränderungen. Wenn der Mond zum Beispiel hoch am Firmament steht, sieht er silbrig aus, doch in Nähe des Horizontes nimmt er manchmal eine ›blutrote‹ Färbung an. Dieses Variieren der Färbung beruht auf einer Wechselwirkung zwischen Mondlicht und Erdatmosphäre.

Um dieses Phänomen richtig zu verstehen, muß man wissen, daß weißes Licht eigentlich eine Mischung aller Farben des Regenbogens darstellt. Das Licht selbst setzt sich aus elektromagnetischen Wellen zusammen und bewegt sich durch den Raum wie gekräuselte Wellen auf der Oberfläche eines Teiches. Kurze Lichtwellen ergeben ein bläuliches, lange Wellen ein rötliches Licht. Die Wellenlängen für grüne und gelbe Farbe liegen zwischen Blau und Rot. Weiß ist nur die Kombination aller Wellenlängen.

Wenn der Mond rötlich aufgeht, beruht das auf der Tatsache, daß uns seine blauen, grünen und gelben, also kurz- und mittelwelligen Lichtstrahlen an bestimmten Tagen nicht erreichen können. So etwas geschieht immer dann, wenn Dunst- und Staubpartikel in der Luft schweben und jenes kurz- und mittelwellige Licht an ihnen in alle Richtungen gebrochen und zerstreut wird. Tritt diese Erscheinung ein, so besteht das Mondlicht nur noch aus den langwelligen roten Strahlen, sobald es nach seiner Reise durch das Luftmeer unsere Augen erreicht. Der Weg des vom Mond reflektierten Lichtes muß vom Horizont aus einen viel weiteren Weg durch die Atmosphäre zurücklegen, als wenn sein Licht aus einer Position direkt über uns auf unsere Augen fällt. Mit anderen Worten: Je mehr Kurzwellen zerstreut werden, desto röter erscheint uns der Mond beim Aufgehen über dem Horizont.

Bevor wir das Thema Mondlicht verlassen, wollen wir nicht den romantischsten aller Monde vergessen, nämlich den Erntemond. Infolge seiner elliptischen Bahn um die Erde geht der Mond jeden Tag etwa vierzig Minuten später auf, doch schwankt diese Periode erheblich in bezug auf seine relative Stellung zum Äquator. Um die Zeit der Tag- und Nachtgleiche im September verschafft zusätzliches Mondlicht dem Bauern mehr Licht zum Einbringen der Ernte vor Einsetzen des Winters. Dieser Vollmond zur Erntezeit wird Erntemond genannt.

Der Zyklus von Vollmond zu Vollmond beträgt 29,5 Tage und wird als synodischer Monat bezeichnet. In diesem Zusammenhang wird bei manchen Lesern die Frage auftauchen, warum man unter einem Mondzyklus im allgemeinen 28 Tage versteht.

Die Periode von 28 Tagen liegt heute in der Mitte zwischen synodischem und siderischem Monat. Letzterem entsprechen $27^1/_3$ Tage, das ist die Zeit, die der Mond für eine Erdumkreisung benötigt. Dieser siderische Monat ist kürzer als der synodische, da der Mond weniger Zeit für eine vollständige Erdumkreisung benötigt, als von Vollmond zu Vollmond zu gehen. Der Grund dafür ist, daß die Erde ihrerseits um die Sonne kreist. Vollmond gibt es nur, wenn der Mond in Opposition zur Sonne und die Erde zwischen beiden steht. Der Mond muß von einem zum anderen Vollmond länger wandern, um die von der Erde inzwischen zurückgelegte Entfernung wettzumachen.

Jedes Jahr entspricht etwa $12^7/_9$ synodischen Monaten. Da jedoch die Anzahl der synodischen Monate pro Jahr nicht exakt ist, rückt die Zeit für jede Mondphase jedes Jahr um ungefähr elf Tage vor. Nach einer Periode von neunzehn Jahren entspricht die Differenz sieben kompletten synodischen Monaten, und die Mondphasen finden wieder an den gleichen Tagen statt wie vor neunzehn Jahren. Dieser neunzehnjährige Zyklus ist besonders für den christlichen Kalender wichtig als Ausgangsbasis zur Bestimmung des Ostersonntags. Dieser Sonntag fällt auf den ersten Sonntag nach Vollmond nach der Tages- und Nachtgleiche im Frühling (21. März).

Die Umlaufbahn des Mondes um die Erde ist eher elliptisch als kreisförmig; dies erklärt die Veränderlichkeit seiner augenscheinlichen Größe. Wenn der Mond der Erde am nächsten steht (im *Perigäum*), beträgt seine Entfernung von ihr ca. 356 410 km; bei seiner größten Entfernung (im *Apogäum*) beläuft sich der Abstand auf ca. 406 740 km. Die Differenz von 50 330 km ist die Ursache für die scheinbare Größenveränderung des Mondes bei seiner Reise um die Erde.

Fast alles, was wir über die Bewegung des Mondes wissen, verdanken wir einem der großen Geister dieser Welt, nämlich Sir Isaac Newton. Es war im Jahre 1665, England wurde von der Pest heimgesucht, verschiedene Universitäten mußten wegen des ›schwarzen Todes‹ schließen, und Newton, ein junger Student, hatte plötzlich Ferien. Es geschah während dieser Unterbrechung seines Studiums, daß Newton seine berühmt gewordene Beobachtung vom Fall des Apfels machte und, wie

Erläuterung des siderischen und des synodischen Monats

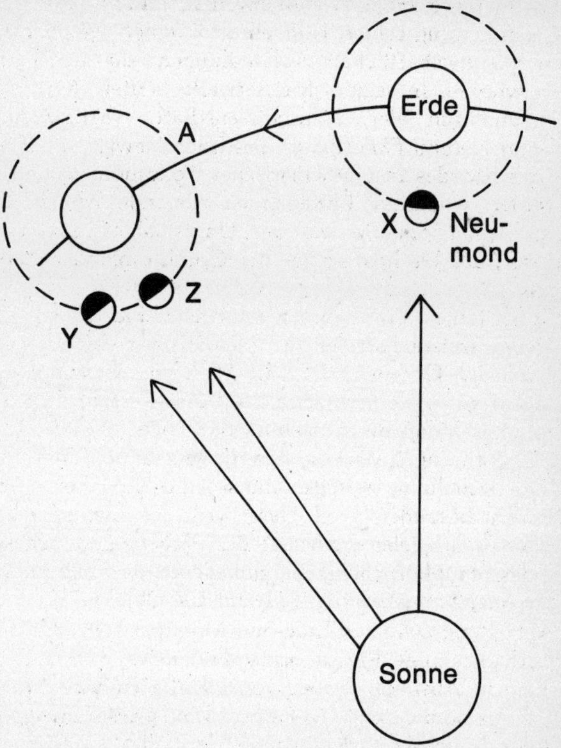

Bei X steht der Mond in einer Linie mit Erde und Sonne, und es herrscht Neumond. Der Mond kreist jedoch ständig um die Erde, und zwar einmal in 27⅓ Tagen. Steht der Mond wieder in Y, so hat er eine Erdumkreisung vollendet. Das nennt man den siderischen Monat. Während der Mond um die Erde kreiste, kreiste aber die Erde auch um die Sonne. Die Entfernung, die die Erde dabei in jenen 27⅓ Tagen zurücklegte, wird in der Darstellung durch den Buchstaben A bezeichnet. Weil sich die Erde bewegt hat, stehen nun Sonne, Erde und Mond bei Position Y nicht mehr in einer Linie. Um diese Anordnung wieder zu erreichen, muß der Mond die Erde weiter bis zur Stellung Z umkreisen. Er braucht für die Strecke von X nach Z 29½ Tage. Diese Zeitspanne nennt man den synodischen Monat.

er es formulierte, »über die Schwerkraft nachzudenken begann und sie mit dem Himmelskörper Mond in Verbindung brachte«. Im Jahre 1687, zweiundzwanzig Jahre später, fand dieser Gedankenflug seinen Höhepunkt in einer der hervorragendsten wissenschaftlichen Abhandlungen, die jemals geschrieben wurden. In seinem Meisterwerk, betitelt ›Mathematische Grundlagen der Naturwissenschaft‹ *(Mathematical Principles of Natural Philosophy)*, beschrieb Newton die Bewegungen des Mondes in mathematischer Terminologie und erklärte ferner, wie diese Bewegungen zustande kamen. Das Kernstück seiner Theorie war das Universalgesetz von der Schwerkraft, das bis heute eines der Grundprinzipien moderner Physik ist.

Nach dem Gesetz von Newton zieht jedes Partikel im Universum jedes andere Partikel an. Theoretisch zieht also jedes Stäubchen jeden Gegenstand in der Welt an, wie umgekehrt jeder Gegenstand Anziehungskraft auf dieses Stäubchen ausübt. Allerdings hängt die Anziehungskraft von zwei Faktoren ab, der Entfernung zwischen den Gegenständen und ihrer Masse. Die Anziehung zwischen einem Auto und einem Stäubchen ist nicht besonders groß. Denn wenn sie auch sehr nahe beieinander sind, spielen die Masse des Wagens und insbesondere die des Staubkörnchens eine unbedeutende Rolle im Vergleich zur Anziehungskraft der Erde auf alle Objekte.

Die Anziehung zwischen Erde und Mond ist sehr stark, bedingt durch die große Masse beider Himmelskörper und den relativ kleinen Abstand, der sie voneinander trennt. Zwar ist die Masse der Sonne einige Millionen Male größer als die des Mondes, doch ist sie andererseits viele Millionen Kilometer weiter entfernt. Deshalb wird also dem Faktor Masse durch den Faktor Entfernung entgegengewirkt. Dennoch übt die Sonne eine beträchtliche Anziehung auf die Erde aus.

Im Gesetz über die Schwerkraft liegt die Erklärung für den Einfluß des Mondes auf Ebbe und Flut in den Weltmeeren. So können z. B. die Kontinente auf der Erde wegen ihrer Festigkeit kaum angezogen werden (mit sehr komplizierten Apparaten konnten Ausdehnungen von ca. 23 cm festgestellt werden), die Ozeane dagegen weisen eine weit höhere Flexibilität auf. Infolgedessen werden die Ozeane in viel größerem Maße durch die Schwerkraft eines Himmelskörpers, wie zum Beispiel dem Mond, angezogen. Nach dem Gesetz der Schwerkraft trachtet der Mond, das Wasser der Meere an sich zu ziehen, wobei der dem Mond unmittelbar gegenüberliegende Teil des Meeres davon am meisten betroffen wird. Es entsteht dann an dieser Stelle ein Flutberg. Durch die Rotation der Erde wandert dieser Flutberg mit ihr. Wäre die Erdoberfläche ganz mit Wasser bedeckt, würde der Flutberg überhaupt nicht bemerkt werden. Aber da gibt es das Land; der Flutberg nähert sich dem Land und überschwemmt es (dann ist Flut). Bei einer Küste mit nur leichtem Gefälle kann das Wasser weit landeinwärts vordringen.

Wenn bei fortschreitender Rotation der Erde der Mond nicht mehr über dem Meer steht, verringert sich seine Anziehungskraft; der Flutberg verschwindet, und das Wasser zieht sich zurück (es ist Ebbe).

Wäre der Mond unbeweglich, und nur die Erde bewegte sich, würden die Gezeiten an jeder beliebigen Stelle immer zur gleichen Zeit stattfinden. Aber der Mond bewegt sich, und zwar in der gleichen Richtung, in der die Erde rotiert. Um aber jeden Tag dieselbe Stellung zum Mond einzunehmen, müßte sich die Erde noch ein wenig extra drehen. Sie würde 24 Stunden und noch weitere 50 Minuten dazu benötigen, um nach einer vollen Umdrehung den Mond wieder einzuholen, und aus diesem Grund treten die Gezeiten, wo auch immer, jeden Tag ein wenig später ein.

Die Geschichte ist hiermit noch nicht zu Ende. Da der Mond nicht stationär ist und in einer elliptischen Bahn um die Erde zieht, befindet er sich abwechselnd näher und weiter entfernt von ihr. Infolgedessen ist seine Anziehungskraft stärker, wenn er am nächsten bei der Erde steht (im *Perigäum*), als wenn er sich auf seiner elliptischen Bahn weiter von ihr entfernt hat (im *Apogäum*).

Darüber hinaus muß noch mit einer anderen Kraft gerechnet werden, nämlich der Sonne. Die Wirkung der Sonne auf die Gezeiten verändert sich nur leicht, während sich die Erde einmal von der Nacht zum Tag um ihre Achse dreht. Wegen ihrer enormen Masse, ungeachtet des Abstandes von 149 598 000 km, übt die Sonne eine ungeheure Anziehungskraft auf die Erde aus, doch bleibt diese Kraft relativ konstant. Während der Rotation der Erde ist die stündliche Abweichung der Anziehungskraft der Sonne für eine x-beliebige geographische Region ganz unwesentlich. Trotzdem hat auch die Sonne einen

Die Wirkung des Mondes auf die Gezeiten

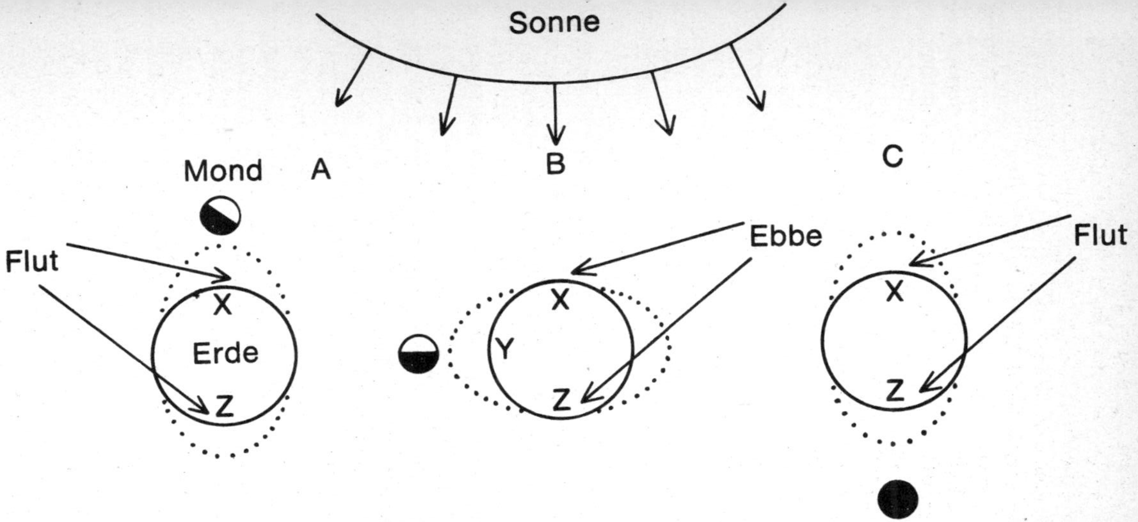

1 Das bedeutet, daß seine Anziehungskraft auf X am stärksten ist. Die Wassermassen steigen direkt unter ihm hoch, und es entsteht eine Flut.
2 Sechs Stunden später, bei Position B, befindet sich der Mond über Y, wo dann eine Flut entsteht. Nach weiteren sechs Stunden, bei Position C, befindet sich der Mond auf der entgegengesetzten Seite der Erde bei Z. Dabei gibt es Flut sowohl bei X als auch bei Z.

1 Bei ›A‹ steht der Mond senkrecht über ›X‹.
2 Auch bei ›Z‹ herrscht Flut, weil hier der Mond die Erde vom Meerwasser wegzieht.

gewissen Einfluß auf die Gezeiten, der sich gerade dann besonders bemerkbar macht, wenn ihre Anziehungskraft mit der des Mondes in gleicher Richtung oder in Opposition zu ihm wirkt*, die gleichgerichteten Kräfte summieren sich, das Meer brandet heftig gegen die Klippen und überflutet noch mehr das Land. Diese beiden Perioden maximaler Gezeitenbewegung heißen Sturmfluten und stellen sich unabhängig von der Jahreszeit ein. Wenn sich der Mond im ersten oder dritten (letzten) Viertel befindet, stehen die Anziehungskräfte von Sonne und Mond im rechten Winkel zueinander. Anstatt an einem Strang zu ziehen, wirken sie sich entgegen. Infolgedessen sind die Gezeiten viel niedriger. Man nennt dies Nippflut oder taube Flut.

Die Flut ist am höchsten, wenn sich der Mond gleichzeitig in der Syzygie mit der Sonne und auch im *Perigäum* befindet. Umgekehrt kommen die niedrigsten Fluten dann vor, wenn der Mond im ersten oder dritten Viertel und in seinem *Apogäum* steht.

Nicht alle Gewässer der Erde sind in diesem Ausmaß dem Phänomen der Gezeiten unterworfen. Auch sind die Gezeiten von unterschiedlicher Art. Damit die Gewässer der Erde steigen und fallen können, benötigen sie Bewegungsfreiheit. Bei Binnenseen trifft dies kaum zu, da sie vom umgrenzenden Land zu sehr eingeengt sind. Diese Einschränkung gilt auch für das Mittelmeer, trotz seiner ziemlich großen Ausdehnung.

Wenn man die Landkarte betrachtet, erkennt man, daß das Mittelmeer an allen Seiten von Land umgeben ist, außer bei der Meerenge von Gibraltar, wo eine Verbindung zum Atlantik besteht. Wegen der Enge dieser Verbindung kann der Flutberg vom Atlantik nicht sehr schnell ins Mittelmeer eindringen. Bevor eine relativ große Wassermenge hereingeströmt ist, hat die Erde mit ihrer Rotation den Punkt überholt, an dem der Flutberg im Begriff war, durch die Meerenge einzudringen, und läßt ihn hinter sich zurück. Aus desem Grund kommen Fluten im Mittelmeer nicht vor.

Obwohl es auch Gezeiten in Binnenseen gibt, sind diese so unerheblich, daß man ihr Vorhandensein nur mittels Spezialinstrumenten nachweisen kann. Im Gegensatz hierzu haben die

* Stellungen, die man ›Syzygien‹ nennt. Solche ›Syzygien‹ herrschen stets bei Voll- und Neumond.

Wassermassen der großen Ozeane, wie z. B. des Atlantik oder Pazifik, große Bewegungsfreiheit mit der Folge, daß ihre Gezeiten ein recht erhebliches Ausmaß annehmen. So können zum Beispiel in der Bucht von Fundy, zwischen Nova Scotia und New Brunswick in Kanada gelegen, die Fluten bis zu 17 bis 20 Meter hoch steigen und fallen, was einer in der Bucht konzentrierten Wassermenge von schätzungsweise 100 Milliarden Tonnen entspricht.

Während die Anziehung des Mondes auf die Erde an allen Stellen des Planeten relativ gleich ist, hängt die Auswirkung in großem Maß von den örtlichen Gegebenheiten ab. Der Gegensatz zwischen den Gezeiten im Mittelmeer und der Fundy-Bucht verdeutlicht dies zur Genüge. Ein weiteres Beispiel liefert uns der Panamakanal beim Vergleichen der Gezeiten an beiden Ausgängen. An der Atlantikküste steigt die Flut höchstens um 30 bis 60 cm; an der pazifischen Seite, nur 65 km entfernt, erreicht die Flut eine Höhe von 3,60 bis 4,80 m! Die Anziehungskraft des Mondes kann somit Bewegung in die Ozeane bringen, doch das Ausmaß von Steigen und Fallen hängt davon ab, wo in der Welt diese Bewegung stattfindet.

Ein Ansteigen des Wassers nennt man Flut; das Absinken heißt Ebbe. Dieser Gezeitenwechsel ist von besonderer Bedeutung für zahllose Menschen, deren Lebensunterhalt vom Meer abhängig ist oder für diejenigen, die dort wohnen oder zu Besuch weilen. Bei Flut, wenn die Wellen große Strecken der Küste überspülen, ist manches, was einige Stunden vorher sichtbar war, jetzt ganz überflutet. Kleine gestrandete Schiffe können wieder flott kommen und werden auf See hinausgetrieben, wenn sie nicht gut verankert waren. Große Schiffe laufen Häfen an, die für sie sonst nicht erreichbar sind. Wenn die Ebbe einsetzt, liegen Objekte frei, Schiffe mit größerem Tiefgang müssen draußen auf der Reede warten. In Wassertümpeln, die bei Ebbe an der Küste zurückgeblieben sind, bleiben kleine Fische und Krebse gefangen, bis eine neue Flut sie aus ihrem Gefängnis befreit.

Das Verhalten einer Anzahl von Tieren, Anwohnern der Küste, steht unter dem Einfluß des Gezeitenrhythmus. Der Zyklus des Flachwurms, *Convoluta*, z. B., ist ganz auf Steigen und Fallen der Gezeiten abgestimmt. Bei Ebbe kriechen diese primitiven Lebewesen aus dem Sand heraus, um sich am Strand in der Sonne zu wärmen. Wenn das Wasser wieder

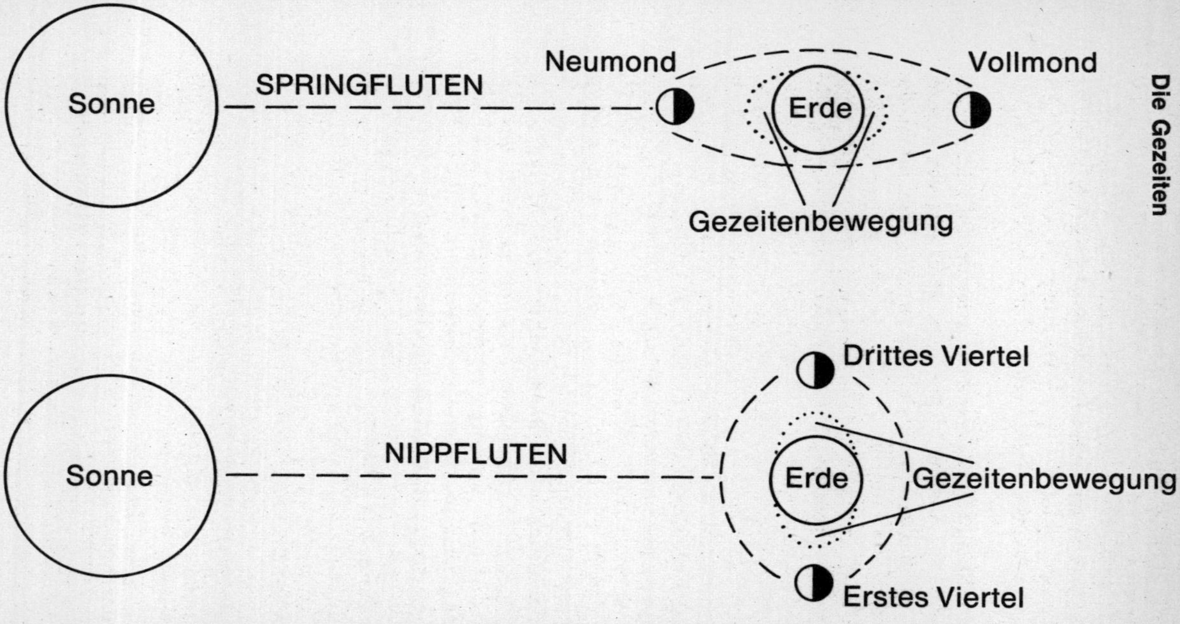

Wenn der Mond mit der Sonne und Erde in einer Linie steht, wirken bei Neumond oder Vollmond die Anziehungskraft von Sonne und Mond zusammen und verursachen Hochwasser. Diese Flut wird Springflut genannt. Wenn der Mond in seinem ersten oder dritten Viertel steht, wirkt seine Anziehungskraft aus einem rechten Winkel, und es entsteht die niedrigste, die Nippflut.

steigt, verkriechen sie sich wieder in ihre Löcher, um von den aufkommenden Wellen nicht fortgespült zu werden.

1953 berichteten Dr. Frank Brown und seine Kollegen über die Empfindlichkeit eines anderen Meerestieres, des Krebses, auf den Gezeitenzyklus. Diese merkwürdigen Lebewesen wurden beobachtet, wie sie bei Ebbe und Flut verschiedene Farben annahmen.

Eine ganze Reihe von Meerestieren, wie zum Beispiel Venusmuscheln, Krebse, Austern, Schnecken, wird jetzt von Naturforschern und Biologen gründlich untersucht, um hinter die Ursache ihrer Empfindlichkeit für Gezeiten zu kommen. Ein interessantes Ergebnis dieser Arbeit ist, daß viele dieser Tiere den gleichen Gezeitenrhythmus aufweisen, wenn man sie vom Meeresstrand in den Sand eines Aquariums bringt, wo es keine Gezeiten gibt. Augenscheinlich haben diese Lebewesen im Laufe der Evolution eine Art von sechstem Sinn entwickelt, der ihnen sagt, wann Ebbe und Flut eintreten. Selbst wenn sie aus ihrer gewohnten Umgebung entfernt werden, wirkt dieser sechste Sinn weiter und veranlaßt sie, aus ihren Sandlöchern hervorzukommen, sich zu sonnen, die Farbe zu ändern, sich zu ernähren oder im Sand vergraben zu bleiben bis zu der für sie zum Hervorkommen geeigneten Zeit.

Die Verknüpfung von Lebensrhythmus und Gezeiten hat zweifelsohne dem Aberglauben Vorschub geleistet, um das Steigen und Fallen der See in Zusammenhang mit dem menschlichen Schicksal zu bringen, wie dies u. a. aus nachstehendem Vierzeiler aus dem Mittelalter hervorgeht:

»Gefürchtet ist die Flut, aus gutem Grund
sie bringt die Kranken in Gefahr.
Bei Ebbe hingegen ist Aufschub gewährt,
sie sendet Hilfe und erhält das Leben.«

Leser von Dickens *›David Copperfield‹* werden sich auch an diesen Aberglauben erinnern bei dem Gespräch zwischen David und Herrn Peggotty über den Tod des alten Barkis: »›Er hat sich mit der Ebbe davongeschlichen‹, sagte Herr Peggotty zu mir hinter vorgehaltener Hand. Meine Augen verschleierten sich genau wie die von Herrn Peggotty, dann wiederholte ich flüsternd: ›Mit der Ebbe?‹ – ›Hier an der Küste sterben die Menschen nur bei Niedrigwasser, und sie werden nur bei anstehendem Hochwasser geboren, genauer gesagt, bei Flut. Er hat sich mit der Ebbe davongeschlichen. Es ist jetzt halb vier, danach eine halbe Stunde Totwasser. Wenn er noch bis zum Wechsel am Leben bleibt, wird er sich noch bis über die Flut hinweg halten und mit der nächsten Ebbe weggetrieben werden.‹«

Das Entstehen solch eigenartiger Vorstellungen, warum Gezeiten und menschliches Leben unentwirrbar miteinander verbunden sind, ist leicht zu erklären, schon im Hinblick auf die Bedeutung von Ebbe und Flut für alle seefahrenden Vöker der Welt. Die Flut symbolisiert die Fülle der See, die Zeit, wo die Schiffe von den Wellen vorangetragen werden. Das Ankommen der See kann mit einem Beginn gleichgesetzt werden, daher auch die Gedankenverbindung mit Geburt und Fortdauer des Lebens. Die Ebbe andererseits signalisiert das Absinken an der Küste und das Fallen der See, eine Mahnung an das Ende und somit die Assoziation mit dem Tod. Für Menschen, deren Existenz von der See abhängig ist, waren Steigen und Fallen der Gezeiten verständlicherweise Sinnbilder für Anfang und Ende des menschlichen Lebens; mit der Zeit und durch Gewöhnung wurden diese Sinnbilder abergläubische Überzeugung. Wenden wir uns wieder dem Thema der Finsternisse zu, Ereignisse, wobei entweder die Sonne vom Mond verdunkelt ist (Sonnenfinisternis) oder der Mond vom Schatten der Erde verdeckt wird (Mondfinsternis). Bei der ersteren wird das Sonnenlicht durch den Mond abgehalten, wenn er sich zwischen Erde und Sonne schiebt. Eine Mondfinsternis findet dann statt, wenn die Erde zwischen Sonne und Mond hindurchgeht und dadurch das Reflektieren des Sonnenlichts vom Mond aus verhindert. Dabei sind sowohl die Erde als auch der Mond vollkommen dunkel.

Seltsamerweise verursachten früher Mondfinsternisse viel mehr Aufregung und Angst als Sonnenfinsternisse. Wie es bei dem griechischen Historiker Plutarch nachzulesen ist, waren die alten Griechen von den Sonnenfinsternissen kaum beunruhigt. Aber das unerwartete Verschwinden des Mondes löste großen Alarm aus; ein solches Ereignis wurde als himmlischer Vorbote für großes Unglück auf Erden angesehen. Der römische Naturkundige Plinius kommentiert, daß zu seiner Zeit (1. Jahrh. n. Chr.) die meisten Menschen glaubten, die Mondfinsternisse würden durch Zauberei hervorgerufen. Um den Bann zu brechen, pflegten die Menschen zu schreien und Lärm zu machen. Sie glaubten, damit die bösen Geister zu vertreiben. Nach Ansicht der Anthropologen existieren dieser Glaube und diese Praktiken noch heute bei primitiven Stämmen aus dem gleichen Grund.

Mondfinsternisse haben auch eine wichtige Rolle in der Geschichte gespielt. Zum Beispiel im Jahre 168 a. Chr., einen Tag, bevor das römische Heer die letzten griechischen Truppen aus Mazedonien vernichtete, informierte der römische Heerführer seine Soldaten über eine kurz bevorstehende Mondfinsternis und ihre natürliche Ursache. Als diese Finsternis wie angekündigt eintrat, staunten die römischen Soldaten über die Weisheit ihres Führers, was ihre Moral beträchtlich stärkte. Die griechischen Truppen waren auf die Finsternis nicht vorbereitet. Als der Mond verschwand, deutete man in ihren Reihen dies Ereignis als ein Zeichen der bevorstehenden Niederlage und als Omen, daß ihr Königreich vor dem Zusammenbruch stand. Sie verloren ihr Selbstvertrauen, und als sie am darauffolgenden Tage zum Kampf antraten, war ihre Moral gesunken. Ohne vom Willen zum Sieg beseelt zu sein, wurden sie vernichtend geschlagen.

Es ist allgemein bekannt, daß Christoph Kolumbus durch die Voraussage einer Mondfinsternis vom Tod gerettet wurde. Dies geschah am 1. März 1509. Während der letzten Expedition nach der Neuen Welt wurden Kolumbus und seine Männer von einer Gruppe Eingeborener gefangengenommen, eingesperrt und dem Hungertod preisgegeben. Kolumbus wußte, daß eine Mondfinsternis bevorstand. Er drohte, den Wilden das Mondlicht wegzunehmen, wenn sie ihm und seinen Gefährten nichts zu essen brächten und sie freiließen. Zunächst ignorierten die Wilden seine Drohung. Aber als die Mondfinsternis noch in der gleichen Nacht eintrat, wurden sie von panischem Schrecken erfaßt. In ihrer Angst ließen sie Kolumbus frei, brachten ihm Essensvorräte und baten, er möge ihnen den Mond zurückbringen, was er ihnen dann auch versprach.

Aus diesen und anderen Legenden und Kuriositäten der Vergangenheit ersehen wir, wie die Vorfahren der heute lebenden Menschen in aller Welt zum Mond aufblickten und sich über das regelmäßige Wiederholen von Zu- und Abnahme wunderten. Sie machten sich ihre Gedanken über die Beziehung zwischen diesen Wechseln und ihrem eigenen mysteriösen und immer wiederkehrenden Zyklus von Geburt und Tod.

Wir haben an dieser Stelle viele Faktoren und Fantasien über den Mond untersucht. Bei den Fantasien geht es um etwas mehr als amüsante Hirngespinste; denn Anthropologen und Sozialwissenschaftler sehen in diesen Mythen und Geschichten das Fundament, aus dem letztendlich moderne Wissenschaft und Religion hervorgegangen sind. Manche Ärzte in früheren Zeiten nutzten ihr Wissen über den Mond bei der Behandlung ihrer Patienten. Einige ihrer Beobachtungen sind von der modernen Medizin bestätigt worden. So wissen wir jetzt z. B. dank der Bemühungen von Dr. Edson J. Andrews, über dessen Forschungen wir im vorigen Kapitel berichteten, daß – genau wie früher angenommen wurde – die Blutungen bei nachoperativen Behandlungen von der Mondphase wesentlich beeinflußt werden.

Mit der Wiederentdeckung solcher Beziehungen durch moderne wissenschaftliche Analysen hat eine gänzlich neue Ära medizinischen Denkens begonnen. Mit dieser ernüchternden Feststellung vor Augen wollen wir weitere alte Aberglauben unter die Lupe nehmen, die sich nun als wissenschaftliche Wahrheiten zeigen, wie zum Beispiel der Einfluß des Mondes bei Geburt, Wachstum, Verfall und Tod von Pflanzen, Tieren und auch dem Leben des Menschen.

3 Die Biologen entdecken den Mond

Im Winter ist Pacific Grove, Kalifornien (auch bekannt als Amerikas Schmetterlingsstadt), die Szene eines der großartigsten Naturschauspiele, nämlich der jährlichen Wanderung eines graziösen Schmetterlings, des Monarchen. Von ihrem Sommeraufenthalt in ganz Nordamerika und Kanada machen sich Millionen und aber Millionen dieser hübschen, orangeschwarz gezeichneten Insekten auf die lange Reise in ihr Winterquartier. In den windgeschützten Gehölzen von Kiefern und Eukalyptusbäumen dieser Stadt lassen sie sich nieder. Hier ruhen sie friedlich während der frischen Morgenstunden. Wenn es wärmer wird, wachen sie aus ihrem Schlafzustand auf, flattern und fliegen von Blume zu Blume auf Suche nach Nahrung. Wenn es wieder Frühling wird und die Tage länger werden, nehmen die unübersehbaren Schmetterlingsschwärme Abschied von ihren freundlichen Gastgebern in Pacific Grove und starten zu dem ermüdenden Flug zurück nach ihren verschiedenen Heimatplätzen. Diesen Vorgang hat man schon seit Menschengedenken beobachtet, und so wird es auch wohl bleiben, solange es Monarchen in Nordamerika gibt.

Auf der anderen Seite der Weltkugel hat sich seit undenklichen Zeiten ein anderes Ereignis zugetragen — der Brutzyklus des Königspinguins. Im Herbst beginnen Tausende und Aber Tausende dieser drolligen Vögel zu watscheln und schwimmen durch die eisigen Gewässer der Antarktis zu ihren Brutplätzen. Dort paaren sich Männchen und Weibchen und bauen ihre Nester. Das Weibchen legt seine Eier ab, und während das Männchen das Brutgeschäft übernimmt, kehrt es an die gegenüberliegende Küste zur Nahrungssuche zurück. Dort stopft das Weibchen sich mit Krabben voll, während der Gatte vertrauensvoll das Nest hütet und von Tag zu Tag hungriger wird. Wenn er und das Küken, das er allein ausgebrütet hat, fast vor Hunger eingegangen sind, kehrt das Weibchen zurück und stößt das Futter wieder aus, das es für den treuen Gatten und den Nachwuchs aufgespeichert hat.

Vorkommnisse wie die jährliche Wanderung der Schmetterlinge oder der Königspinguine und zahlloser anderer Bewohner unserer Erde hat es schon seit ewigen Zeiten gegeben. Solche zyklisch bedingten Aktivitäten gehören zu den fundamentalen Eigenschaften vieler Tiergattungen. Aber warum ziehen Vögel und Insekten vor Einbrechen des Winters südwärts und vor Sommeranfang gen Norden? Welche Signale lösen diesen Zyklus aus? Offensichtlich bestimmen Temperaturwechsel und Dauer des Tageslichtes ihre Instinkthandlungen. Die erstaunliche und unergründliche Synchronisierung von animalischer Verhaltensweise und Wetter war längst bekannt, doch erst in neuester Zeit hat sich die Wissenschaft dieses Phänomens angenommen.

Unser Planet Erde hat seinen eigenen Umlaufzyklus von 365 Tagen um die Sonne und erlebt Frühling, Sommer, Herbst und Winter. In dieser Aufeinanderfolge der Jahreszeiten keimt die Saat, die Pflanzen wachsen, die Blumen blühen, und dann sterben die Gewächse ab oder fallen in den Winterschlaf. Im Frühling kommen Tiere, wie zum Beispiel der Bär, aus ihren Höhlen hervor und durchstreifen Wildparks und Wälder auf der Suche nach Nahrung. Sie paaren sich und werfen Junge. Wenn es Herbst wird, speichern sie enorme Nahrungsreserven in ihrem Körper, suchen Dickicht auf, das sie mit immergrünen Zweigen auspolstern. Mit anbrechendem Winter verfallen sie in einen langen, ungestörten Winterschlaf. Im Frühling beginnt der Kreislauf von neuem.

Wir Menschen kennen ebenfalls unseren Jahreszyklus. Im Jahre 1972 analysierte Dr. Franz Halberg mit seinen Kollegen vom Chronobiologischen Laboratorium der Universität Minnesota mit Hilfe eines Computers Daten, die sie aus verschiedenen US-Publikationen von Lebensstatistiken und aus der Weltgesundheitsorganisation entnahmen. Die Analyse wies u. a. aus, daß es die meisten Todesfälle infolge Herzversagens im Januar gibt. Der Winter ist auch die Jahreszeit, in der sich die meisten Menschen erkälten, einschließlich jener, die im milden Klima von Florida leben. Ein weiteres auffallendes Ergebnis der Untersuchung war der Umstand, daß die meisten Selbstmorde in den Monaten April, Mai und Juni begangen werden. Auf irgendeine mysteriöse Weise hat es den Anschein, daß menschliches Verhalten und Physiologie mit den Jahreszeiten übereinstimmen.

Außer ihrem Lauf um die Sonne dreht sich die Erde alle vierundzwanzig Stunden um ihre eigene Achse, mit dem sich daraus ergebenden Hell-Dunkel-Zyklus, der manchmal auch als ›cirkadischer‹ Rhythmus bezeichnet wird. Dieses Wort ist vom lateinischen *circa* (rund) und *dies* (Tag) abgeleitet. Wenn die Gelehrten von einem cirkadischen Rhythmus sprechen, dann meinen sie Zyklen, welche die Neigung zeigen, sich ungefähr alle vierundzwanzig Stunden zu wiederholen.

Jeder, der einmal einen Garten betreut oder Pflanzen gezüchtet hat, weiß, daß Blumen ihre Blütenblätter am Tage öffnen und nachts schließen, und daß die Blätter aufrecht und ausgebreitet stehen, wenn sie in Licht gebadet sind; wenn Dunkelheit sie einhüllt, hängen sie schlaff herab. Diese Wechsel sind Merkmale des cirkadischen Rhythmus der Pflanze. Nagetiere, wie zum Beispiel Mäuse oder Ratten, haben ebenfalls einen cirkadischen Rhythmus; aber im Gegensatz zu den Pflanzen sind sie nachts aktiver als am Tage. Obwohl man jetzt weiß, daß diese Rhythmen auch dann fortbestehen, wenn Pflanzen und Tiere unter gleichbleibenden Umweltbedingungen gezüchtet werden, scheint der Zeitablauf eher mit dem Rhythmus des Universums übereinzustimmen als von ihm abzuweichen.

Wir Menschenwesen leben allerdings nach dem Sonnenrhythmus, der vierundzwanzig Stunden dauert. Wenn die Sonne am Horizont aufgeht und die Nacht vertreibt, ist es Morgen, Zeit zum Aufstehn, zu frühstücken und zur Arbeit zu gehen. Wenn die Sonne im Zenit steht, ist es Mittag und Zeit zum Mittagessen. Wenn die Sonne sich anschickt, im Westen unterzugehen, verlassen wir unsere Arbeitsstätten und begeben uns zum Abendessen nach Haus. Nach einigen Stunden Dunkelheit ist es Zeit, ins Bett zu gehen.

Nicht nur das menschliche Verhalten ist mit der Sonne in Einklang gebracht, auch die biologischen Rhythmen des menschlichen Körpers nehmen Licht- und Temperaturveränderungen dieses himmlischen Ofens zur Richtschnur.

Wie oft suchen wir nachts die Toilette auf im Vergleich zum Tage? Experimente haben gezeigt, daß sogar bei Menschen, die unter Tage leben, der urinale Zyklus durch die Stärke der Lichtquelle abgekürzt oder verlängert werden kann. Der weibliche Menstruationszyklus, wie wir in einem nachstehenden Kapitel sehen werden, kann wesentlich verkürzt werden, wenn beim Schlafen eine Nachtbeleuchtung eingeschaltet ist. Ein weiteres interessantes Phänomen, das möglicherweise im Zusammenhang mit Lichteffekten auf den weiblichen Menstrualrhythmus steht, ist der Vierundzwanzig-Stunden-Zyklus bei der Geburtenrate.

Um es kurz vorwegzunehmen: Die Geburtenhäufigkeit beim Menschen in Nordamerika und Westeuropa erreicht ihren Höhepunkt nachts zwischen 21 Uhr und 9 Uhr mit einer Spitze gegen 3 Uhr früh.

Die erste Studie über dieses Phänomen erschien bereits 1848 in einer Fachzeitschrift und fand inzwischen verschiedentliche Bestätigung.

Nach einer durchgeführten Analyse von 16 000 Geburten in Birmingham, England, während der Jahre 1951 und 1952, fanden 55,6 Prozent aller in dieser Stadt gemeldeten Geburten zwischen 21 Uhr und 9 Uhr statt, gegenüber dem Rest von 44,4 Prozent, die auf die Zeit zwischen 9 Uhr und 21 Uhr fielen. Die wenigsten Geburten gab es zwischen 13 Uhr und 14 Uhr. Ähnliche Resultate wurden aus Lancashire, England, gemeldet.

Aus Oklahoma City, Oklahoma, stammt eine Untersuchung über 38 668 Geburten in Kliniken während einer Zeitdauer von fünf Jahren, wonach ein Anstieg von 9,6 Prozent bei Nachtgeburten zu verzeichnen ist. In einer New Yorker Klinik ergab eine Analyse für 4000 Geburten eine Spitze zwischen 2 Uhr und 4 Uhr früh. Zu dem gleichen Ergebnis gelangte eine Analyse über eine halbe Million Geburten mit einer Spitze gegen 3 Uhr früh und deutlichem Rückgang zwischen 13 Uhr und 20 Uhr.

Aus diesen und anderen Studien geht überdeutlich hervor, daß die Geburtenhäufigkeit, gemessen an der Tageszeit, nicht von Zufälligkeiten abhängt, sondern dem Einfluß eines Systems unterworfen ist. Ob diese auf einen Tag begrenzte Periodizität auf eine spezielle Einwirkung der Sonne zurückzuführen ist, bleibt bislang noch problematisch. Doch sollte man diese Möglichkeit nicht von vorneherein ausschließen.

Obgleich wir uns brüsten, Herr und Meister des Universums zu sein, sind wir in Wirklichkeit Gefangene einer unüberschaubaren Kette außerirdischer Kräfte, wie zum Beispiel Licht und Wärme der Sonne. Allerdings stimmt es, daß wir heute zum Mond fliegen oder Sonden zum Merkur oder der Venus und noch weiter entfernten Planeten schicken können, aber sind wir in der Lage, das Wetter zu ändern? Wir können

Wüsten bewässern und dort Getreide wachsen lassen, wo vormals heißer, trockener Sand den Boden bedeckte, aber können wir ohne Regen existieren?

Die Existenz aller Lebewesen von den niedrigsten Formen pflanzlichen Lebens bis zum Menschen hängt vom außerirdischen Einfluß der Sonne ab. Aus einer Entfernung von rund 150 Millionen Kilometer spendet sie uns Energie in Form von Licht und Wärme. Diese Energie kommt dem Wachstum der Pflanzen zugute und erzeugt den Sauerstoff, den wir einatmen. Ohne die Präsenz der Sonne würden die Pflanzen absterben. Selbst wenn wir fähig wären, Sauerstoff auf irgendeine Art und Weise herzustellen, würden alle Tiere, die von pflanzlicher Ernährung abhängig sind, nicht überleben können. Und ohne Vorhandensein von Pflanzen und Tieren ist auch menschliches Leben undenkbar. Unser und unseres Planeten Schicksal hängt also von der Energie ab, die uns ein entfernter Himmelskörper spendet. Dieser Himmelskörper besteht nicht einmal aus einer festen Masse, sondern aus extrem heißen Gasen, die unter einem gewaltigen Druck stehen, wodurch ihre Dichte die aller auf der Erde vorkommenden Substanzen übertrifft.

Während Wärme und Licht kenntlich außerirdischen Einflüssen zuzuschreiben sind, die von der Sonne herrühren, sind sie doch nicht die einzigen Naturkräfte, die unseren Planeten erreichen. Außer dem Licht, das wir sehen, und der Wärme, die wir fühlen können, bombardiert uns die Sonne mit unsichtbarer Energie in Form von Ultraviolett- und Infrarotstrahlen sowie auch Gammastrahlen. Manchmal sind die Kernreaktionen auf der Sonne so heftig, daß ihre Oberfläche einem Vulkanausbruch gleicht, wobei ungeheure elektromagnetische Energie in den Weltraum hinausgeschleudert wird. Bei solchen elementaren Ereignissen werden Radioverbindungen bei uns unterbrochen, durch Störungen im erdmagnetischen Feld verursacht oder hervorgerufen durch diese Energie, wenn sie unseren Planeten erreicht.

Diese solaren Eruptionen sind ihrem Wesen nach gigantische magnetische Zyklone. Man nennt sie Sonnenflecken, und sie erscheinen als dunkle Flecken auf der Sonnenoberfläche; manche von ihnen haben einen Durchmesser von etwa 155 Milliarden Quadratkilometer, also eine Ausdehnung, die etwa 300mal größer als unsere Erdoberfläche ist.

Obwohl die Sonnenfleckentätigkeit niemals unterbrochen

wird, häufen sich alle elf Jahre die Eruptionen auf dramatische Weise. Dann erleiden nicht nur unsere Radiosignale Unterbrechungen, auch der Pflanzenwuchs scheint in Mitleidenschaft gezogen zu werden. Wie aus dem *Bulletin Astronomique de France* hervorgeht, ist die Qualität des französischen Burgunderweins alle elf Jahre am besten, was übrigens mit dem Höhepunkt des Auftretens von Sonnenflecken zusammenfällt. Dagegen fallen die Jahrgänge mit geringerer Sonneneruption relativ schlechter aus. Nicht nur Weinberge sind empfindlich gegen außerirdische Einwirkungen, auch der Baumwuchs wird davon erheblich beeinflußt, wie aus der Untersuchung der konzentrischen Jahresringe hervorgeht. Man kann aus ihnen den 11-Jahres-Zyklus deutlich ablesen. In Rußland tritt die Heuschreckenplage alle elf Jahre parallel mit dem Sonnenfleckenzyklus auf. Im Kaspischen Meer ist die Fortpflanzungsaktivität des Störs einmal alle elf Jahre am höchsten, was genau mit dem Sonnenfleckenzyklus übereinstimmt. Zu solchen Perioden sind Massen über Massen von Stören wie besessen, sich fortzupflanzen und zu sterben, wenn die Sexorgie vorüber ist.

An der Moskauer Universität wurde unter Leitung von Professor A. L. Tchijevsky eine umfassende Studie über die Beziehung zwischen dem Auftreten der Sonnenflecken und Kriegsereignissen, Revolutionen, Völkerwanderungen, Epidemien usw. seit 500 a. Chr. bis 1900 p. Chr. durchgeführt. Er fand heraus, daß 72 Prozent dieser Schicksalsschläge mit den Spitzen solarer Ausbrüche zusammenfielen. Es hat den Anschein, daß wir Menschen während der Jahre großer Sonnenfleckenaktivität besonders erregbar sind, was sich in sozialen Unruhen niederschlägt.

Auch Krankheiten scheinen während erhöhter solarer Aktivität gut zu gedeihen. Die großen Epidemien von Diphtherie und Cholera, die Europa heimsuchten, die Typhusepidemie in Rußland und das Ausbrechen der verheerenden Pocken in Chicago fielen alle mit dem elfjährigen Sonnenfleckenzyklus zusammen. Diese erhöhte Empfänglichkeit könnte man auf Veränderungen des Immunitätshaushaltes des Körpers zurückführen, bedingt durch eine erhöhte Abnahme der Lymphozyten, weiße Blutkörperchen, in Perioden umfangreicher solarer Eruptionen. Das alles hat sich heute glücklicherweise geändert dank erfolgreicher medizinischer Fortschritte in der Bekämpfung von infektiösen Krankheiten. Dennoch gibt es während der Perioden gesteigerter solarer Aktivität mehr Herzattacken als in den sogenannten ›ruhigen‹ Jahren.

Neben der Sonne ist es der Mond, unser nächster kosmischer Nachbar, dessen außerirdischer Einfluß am meisten spürbar ist. Wir haben bereits gesehen, wie der Mond beim Heben und Senken des Meeres beteiligt ist. Und auf den nächsten Seiten wird sich zeigen, daß der Mond nicht nur die Meere und seine Bewohner, sondern auch höher entwickelte Lebewesen kontrolliert, einschließlich den Menschen. Doch bevor wir dieses von der Wissenschaft bisher vernachlässigte Gebiet näher untersuchen, wollen wir uns kurz mit dem Einfluß des Mondes auf die primitiven Organismen befassen, die die Erde bevölkern.

Die Sonne ist nicht der einzige kosmische Körper, der imstande ist, den Verhaltens- und körperlichen Kreislauf lebender Organismen zu synchronisieren. Durch seine Einflußnahme auf die Gezeiten setzt der Mond den biologischen Rhythmus zahlreicher an den Meeresküsten lebender Kreaturen in Bewegung. Indessen gibt es auch viele Meeresbewohner, deren innere Uhr nicht von den Gezeiten gesteuert wird, sondern vom Mond direkt. Eines der ersten Tiere, an denen dies dargestellt wurde, ist die primitive Auster.

Die Auster *(Ostrea virginica)* gehört zur Familie der Mollusken, wozu man auch die Schnecken, Muscheln und Seepolypen zählt. Ihre Brut- oder Laichzeit erfolgt während der Sommermonate, in denen eine einzige Auster in der Lage ist, bis zu einer halben Million Eier zu produzieren! In diesem Zustand ist sie recht zäh und wäßrig und, wie Kenner behaupten, verliert die Auster zu dieser Zeit viel an Aroma. Vielleicht kommt daher die irrige Ansicht, daß Austern, die man in den ›R‹-losen Monaten zwischen Mai und August ißt, giftig sind.

Obwohl die Auster eine enorme Anzahl von Eiern produziert, werden die meisten von anderen Meerestieren verspeist, bevor sie sich entwickelt haben. Auch wenn sie durch ein glückliches Geschick nicht von anderen Küstenbewohnern gefressen werden sollten, sind die Larven der Auster noch der Gnade des Ozeans ausgeliefert; sie werden auf dem Strand ziellos hin und her gespült. Einigen Larven gelingt es dennoch, sich in den schlammigen Flußmündungen einzunisten. Hier sinken sie bei Ebbe zu Boden und warten geduldig auf die Flut, die sie dann weiter flußaufwärts tragen soll. Nach jeder kurzen

Reise lassen sie sich wieder auf den Boden nieder und warten auf die nächste Flutwelle. Langsam, aber sicher und mit Hilfe der Gezeiten bewegen sie sich auf dem Schlamm weiter, bis sie einen geeigneten Ruheplatz gefunden haben, wo sie sich an einem Felsen oder einer anderen Auster festklammern können. Ist dies geschehen, sind sie für den Rest ihres Lebens dazu verurteilt, am gleichen Ort zu verharren, da die von ihnen ausgeschiedene mörtelartige Substanz sich in eine unzerbrechliche Zementschicht verwandelt.

Der Begriff ›Mollusk‹ bedeutet ›weich‹ und bezieht sich auf den zerbrechlichen Körper von Meerestieren wie die Auster. Weichtiere bilden eine harte Außenschale, die sie vor Feinden schützt und auch vor hartem Material, das im Ozean umhertreibt. Diese Panzer können aus einem Gehäuse bestehen, wie bei den Schnecken, oder aus zwei Hälften, wie sie eine Auster umschließen; in diesem Fall nennt man sie zweischalige Muscheln.

Die zweischalige Muschel wird an einer Seite von einem großen Scharnier mit kräftigem Anziehmuskel zusammengehalten. Muschelsammler können an der Innenseite der Muschel den Wulst erkennen, wo dieser Muskel sitzt, besonders, wenn sie eine gerade getötete Auster in Händen haben.

Der Anziehmuskel hat die Aufgabe, die beiden Schalenhälften der Auster zu öffnen und zu schließen. Meeresbiologen war es schon seit langem bekannt, daß sich die Schalen bei Flut öffnen, um filternderweise Nahrung aufzunehmen, und sich bei Ebbe schließen, um nicht auszutrocknen. Man schätzt, daß eine Auster imstande ist, täglich ca. 65 Liter Wasser in der Spanne zwischen Ebbe und Flut zu filtern und dabei 72 Millionen Organismen zu verzehren.

Zunächst war man der Meinung, daß rhythmisches Öffnen und Schließen von Austernschalen durch die Bewegungen der Gezeiten gesteuert würde und nur sekundär dem Einfluß des Mondes zuzuschreiben wäre. Nach dieser Theorie spürt die Auster das baldige Kommen der Flut durch den Wasserdruck oder eine andere Stimulans und öffnet sich dementsprechend. Bei Ebbe verschwindet die Stimulans, die Auster schließt sich wieder. Aber Dr. Frank B. Brown von der Nordwest-Universität in Evanston, Illinois, ahnte, daß hier mehr dahintersteckte als der simple Reflex der Auster, um auf das Steigen und Fallen der Gezeiten zu reagieren.

Was geschähe mit dem Rhythmus, so fragte er sich, wenn die Auster aus ihrer gewohnten Umwelt herausgerissen und in eine neue Umgebung, 1600 km vom Ozean entfernt, verpflanzt würde? Hielte dann die Auster die Schalen ständig geschlossen ohne die Stimulans der Gezeiten?

Um sich darüber Klarheit zu verschaffen, ließ sich Dr. Brown fünfzehn Austern von New Haven, Connecticut, nach Evanston schicken. Nach Ankunft in seinem Laboratorium setzte er sie bei ständigem Dämmerlicht in Glasgefäße. Danach befestigte er das eine Ende eines Fadens an der oberen Schale der Auster und das andere Ende am Hebelmechanismus eines Oszillographen und konnte damit die Öffnungs- und Schließbewegungen jeder Auster automatisch und kontinuierlich verfolgen.

Anfangs öffneten und schlossen sich die Austern genau wie in ihrer gewohnten Umgebung in Connecticut. Also auch ohne die Gezeiten setzten die Austern ihren Zyklus Öffnen/Schließen wie vorher an der Atlantikküste fort. Möglicherweise erinnerten sich die Austern noch an das Einsetzen der Gezeiten und an ihre früheren Gewohnheiten.

Aber schon zwei Wochen nach der Übersiedlung nach Evanston passierte etwas sehr Bemerkenswertes. Anstatt sich rechtzeitig bei Ebbe und Flut zu schließen und zu öffnen, setzte dieser Prozeß am Tage drei Stunden später ein, und dabei blieb es dann. Anscheinend gab es noch ein anderes Stimulans neben den Gezeiten, das diese Aktivitäten lenkte. Was für eine Art Signal war dies wohl? Die Austern wurden im Dämmerlicht gehalten, Licht konnte also keine Signalwirkung haben; Temperatur und Druck im Laboratorium waren gleichbleibend. Diese Faktoren konnte man also ausklammern. Die Sache war nicht geheuer. Die einzige andere in Frage kommende Möglichkeit war, daß die gleiche Kraft, welche die Gezeiten beeinflußte, auch direkt auf die Austern wirkte. Konnte es etwa der Mond sein? Dr. Brown konsultierte seinen Almanach: Die Austern öffneten und schlossen sich im Rhythmus mit der Position des Mondes, gültig für Evanston. Zu diesem Zeitpunkt, wo in Evanston die Flut fällig wäre, vorausgesetzt die Stadt läge an der Küste, öffneten die Austern ihre Schalen.

Der Mond kontrollierte die Gezeiten von Connecticut, und wenn Evanston an der Küste anstatt am Michigansee gelegen hätte, wäre die Stadt dem gleichen Einfluß unterworfen gewesen. Somit waren Ebbe und Flut nichts weiter als sichtbar gewordene Zeugen für den kosmischen Einfluß des Mondes auf die Erde und seine steuernde Wirksamkeit. Doch damit schließt sich noch nicht die Kette der Beweise. Bisher hatte die Wissenschaft andere Möglichkeiten noch nicht ins Auge gefaßt und nicht an den physikalischen Einfluß des Mondes gedacht, wenn aber doch, hatte man mit Fachkollegen nicht darüber diskutiert, um sich nicht lächerlich zu machen. So konnte es passieren, daß anekdotenhafte Berichte über den Einfluß des Mondes auf Pflanzen und Tiere nur als unterhaltende und dem Aberglauben zuzurechnende Geschichten angesehen wurden.

Jetzt gab es einen wissenschaftlichen und stichhaltigen Beweis, daß der Mond für den aktiven Zyklus zum mindesten eines lebenden Organismus verantwortlich war. Dr. Brown begann sich zu fragen, ob nicht etwa auch andere Lebewesen in direkter Weise auf den Mond reagierten. Mit der gleichen Begeisterung und dem Entdeckerfieber, das frühere Forscher zum Lüften der Geheimnisse unseres Planeten trieb, eilte Dr. Brown zur atlantischen Küste zurück, um dort ein anderes Meerestier, den Fiedelkrebs *(fiddler crab)*, und seine etwaigen Reaktionen auf die Bewegungen des Mondes zu untersuchen.

Fiedelkrebse *(Uca pugilata)*, so genannt wegen ihrer langen fiedelförmigen Scheren, verbringen die meiste Zeit eingegraben an den Stränden von New England. Bei Ebbe kriechen diese Tiere zu Tausenden aus ihren Löchern heraus und begeben sich auf Nahrungssuche. Das Weibchen dieser Spezies hat zwei Scheren zum Fressen, mit denen es Schlamm nach eßbaren und ungenießbaren Bestandteilen sichtet. Was eßbar ist, wird zum Mund geführt, und die organischen Substanzen werden nach Vorspülung verschluckt. Aus den unverdaulichen Sedimenten wird eine Schlammkugel gebildet und auf den Strand ausgespuckt. Die männlichen Krebse verfahren auf gleiche Weise, doch fällt es ihnen schwerer, da sie nur mit einer Schere zum Fressen ausgestattet sind. Die andere Schere ist länger und kräftiger und dient zur Abwehr von Rivalen bei ihrer Werbung um das Weibchen.

Kurz vor Eintritt der Flut unterbrechen die Fiedelkrebse ihr ganz auf Nahrungssuche eingestelltes Verhalten und eilen zu ihren Löchern zurück. Sie verstopfen die Eingänge hinter sich mit Schlamm. Kurz darauf wird der Strand über ihnen überflutet. Da die Krebse ihre Löcher aus Sicherheitsgründen noch vor

Einsetzen der Flut aufsuchen, war es für den Biologen Dr. Brown deutlich, daß es nicht das Meer sein konnte, welches dem Krebs den Wink gab, rechtzeitig Schutz zu suchen. Wäre hier vielleicht der Mond beteiligt, ihnen die Fähigkeit zum Vorausahnen der kommenden Flut zu verleihen?

Dr. Brown streifte an der atlantischen Küste entlang, um Versuchsexemplare für sein Laboratorium einzusammeln. Wieder einmal, 1600 km von ihren Heimatküsten entfernt, in dunkler Umgebung unter Temperatur- und Druckkontrolle, stellte sich der Ernährungszyklus auf die nicht existierenden Gezeitenverhältnisse von Evanston, Illinois, ein.

Auch andere Experimente wurden durchgeführt. Würden Meerestiere, die niemals das blasse Mondlicht gesehen oder die Gezeiten gespürt haben, auch auf die Bewegungen des Erdsatelliten reagieren? Um dies herauszufinden, fing Dr. Brown eine Anzahl von Langusten, Gattung *cavernicula,* in Mammoth Cave, Kentucky. Diese Meerestiere hatten ihr Leben lang unter gleichbleibenden Umweltverhältnissen (Dunkelheit, Temperatur) verbracht. Sie waren weder dem Licht von Sonne oder Mond ausgesetzt gewesen, noch hatten sie das Steigen und Fallen von Flut und Ebbe gespürt. Dennoch wies ihr Metabolismus einen ganz bestimmten Rhythmus auf, welcher eindeutig eine Beziehung zur Position des Mondes erkennen ließ.

Als andere Naturwissenschaftler die fesselnden Studien über den Einfluß des Mondes auf verschiedene Meerestiere lasen, wurde bald auch ihre Neugierde geweckt und sie begannen, selbst zu experimentieren, immer mit den Richtlinien von Dr. Brown vor Augen. Zu einem dieser Versuche waren, wie Dr. M. F. Benett berichtete, Fiedelkrebse von zwei verschiedenen Stränden gefangen worden, deren Gezeitenablauf vier Stunden auseinander lag. Auch diese Tiere wurden in einem zu diesem Zweck speziell eingerichteten Laboratorium mit gleichbleibenden Umweltbedingungen untergebracht. Am ersten Tage verhielten sich die Tiere in ihrem aktiven Zyklus gemäß dem Zeitunterschied von vier Stunden, der genau dem Gezeitenunterschied ihrer auseinanderliegenden Herkunftsplätze entsprach. Jedoch schon nach sechs bis sieben Tagen Aufenthalt in ihrer neuen Unterkunft kam es zu einer Synchronisierung beider Gruppen untereinander hinsichtlich Höchst- und Tiefstand des Mondes. Das Resultat besagt, daß die Gezeiten zwar eine wichtige Rolle in der Verhaltensweise von Tieren, wie zum

Beispiel den Krebsen, unter natürlichen Bedingungen spielen können, doch bei Ausbleiben derselben stellt sich der Tageskreislauf der Tiere auf die örtlichen Bewegungen des Mondes um.

Nach gründlichen Untersuchungen durch einige Entomologen (Insektenforscher) besteht eine Beziehung zwischen der Aktivität vieler Mücken und dem Mondzyklus. Dr. N. H. Anderson von der Fachabteilung Insekten der Oregon-Staatsuniversität in Corvallis gelang es, mit extra zu diesem Zweck angefertigten Fangvorrichtungen über tausend dieser Insekten in drei Stunden zu fangen, als der Mond in seinem letzten Viertel stand; bei Vollmond betrug das Fangergebnis bei gleicher Zeitdauer nur 200 Exemplare. Andere Entomologen haben berichtet, daß bei Neumond buchstäblich hundertmal mehr Mückenweibchen in der Luft sind als bei Vollmond.

Die daraus für uns zu ziehende Lehre wäre, daß wir, anstatt uns mit Pestiziden zu bespritzen, unsere Picknick- und Grillpartys besser für andere Abende als solche mit Neumond planen sollten.

In Anbetracht der wissenschaftlich belegten Beweise über den Einfluß des Mondes auf verschiedene Meerestiere und Insekten, begann sich Dr. Brown zu fragen, ob auch höher entwickelte Tiere mondempfindlich sind und beschloß, dies an Hamstern zu experimentieren. Hamster sind Säugetiere und stehen auf einer höheren Entwicklungsstufe als gewisse Meerestiere. Auch bestand kein triftiger Grund zur Annahme, daß Hamster vom Mondzyklus abhängig sein könnten, da für sie der Faktor Gezeiten sowieso wegfiel. Sollte sich indessen herausstellen, daß Hamster positiv auf die Einwirkung des Mondes reagieren, könnte dies von bedeutender theoretisch-praktischer Tragweite sein. Was nämlich für Hamster gilt, wäre es nicht auch auf Affen und selbst Menschen zutreffend? Und falls ein derartiger Einfluß des Mondes tatsächlich aufgedeckt werden sollte, dann wäre vom Erkennen bis zur Anerkennung, zur Voraussage und endgültiger Kontrolle vieler biologischer Ungewißheiten, mit denen Wissenschaft und Medizin ringen müssen, noch ein weiter Weg zurückzulegen.

Zur Klärung dieser Frage machte sich Dr. Brown eine Eigenschaft seiner Versuchstiere, der Hamster, zunutze, und zwar ihre Neigung zu einem regelmäßigen circadianen Rhythmus in ihrem Bewegungstrieb. Zu diesem Test wurden in den Käfigen

Mondzyklus

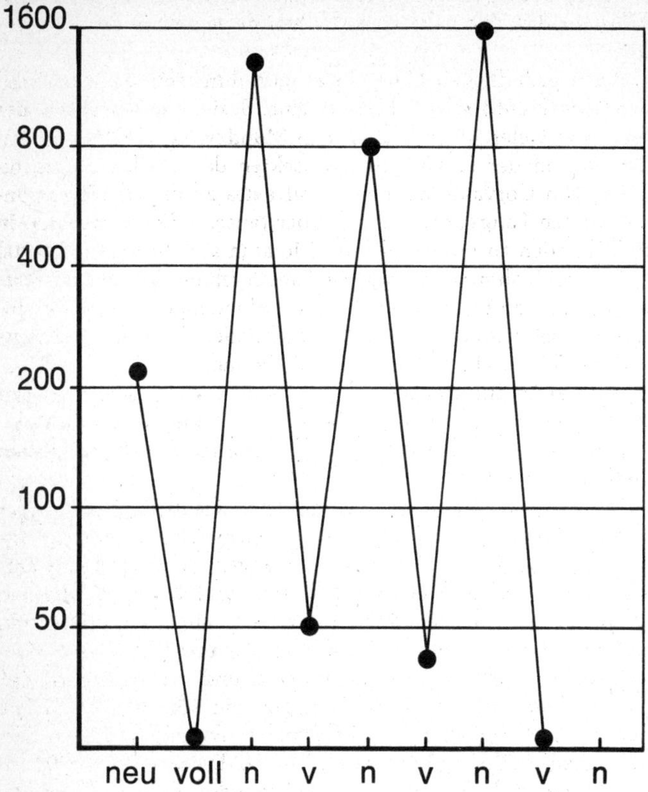

Verhältnis zwischen Mondzyklus und Mücken in der Luft. Viel mehr Mücken wurden bei Neumond als bei Vollmond in die ›Falle‹ gelockt, was auf erhöhte Flugbereitschaft der Mücken zu diesem Zeitpunkt hinweist (aus ›Hors Fall‹, 1943).

des Laboratoriums Laufräder für die Tiere angebracht. Wenn diese Lust zum Laufen verspürten, kletterten sie in das Laufrad und fingen an zu rennen. Man kann das Rad mit einem Zähler und Zeitaufnehmer verbinden und zu jeder Tageszeit die vollbrachten Drehungen automatisch registrieren.

Mit diesem Apparat als Hilfsmittel verschaffte sich Dr. Brown statistische Unterlagen über den stündlichen Rhythmus der Hamster über eine Zeitspanne von zwei Jahren. Nach Ablauf dieser Periode analysierte er die erzielten Resultate und stellte fest, daß die Hamster besonders bei Voll- und Neumond recht aktiv waren! Überdies fielen die Höchstwerte der Testdauer immer auf den gleichen Tag des Mondzyklus. Eine solche Regelmäßigkeit konnte nur einem Mondeffekt zugeschrieben werden, dem die Hamster unterlagen.

Weitere Experimente in gleicher Richtung wurden mit Ratten und Mäusen durchgeführt. Wieder konstatierte Dr. Brown eine ausgeprägte Lebhaftigkeit zur Zeit des Vollmondes. Diese Resultate lassen vermuten, daß Säugetiere wie Hamster, Ratten und Mäuse eine mysteriöse Empfindlichkeit für den Mond besitzen und daß diese Nager an einigen Tagen des Monats überaktiv werden, was mit der jeweiligen Position des Mondes zusammenhängt. In irgendeiner Weise werden diese Tiere vom Mond erregt, und dieses Stimulans überträgt sich auf ein gesteigertes Laufbedürfnis. Liefert uns hier die Tierwelt das Gegenstück zur gestörten Verhaltensweise mancher Menschen, worüber Gelehrte aus vielen Jahrhunderten berichtet haben und was bisher als Aberglaube abgetan wurde? Dr. Brown vermied sorgfältig jeden Hinweis auf Parallelen zwischen Tierexperimenten und sogenanntem Aberglauben. Trotzdem ergaben sich verblüffende Übereinstimmungen, und es dauerte auch nicht lange, bis man sich die Frage stellte, ob nicht doch etwa etwas Wahres sei an diesen und anderen Mutmaßungen über den Mond.

4 Sex und der Mond

Im Jahre 1492 schiffte sich Christoph Kolumbus in Spanien zu seiner historischen Reise nach den fernen Gewürzinseln ›jenseits von China‹ ein. Auf drei kleinen Schiffen, der *Niña*, der *Pinta* und der *Santa María*, verließ er die Alte Welt und gelangte ohne Hilfe einer Seekarte zu den rothäutigen Indianern der Neuen Welt und nicht zum großen Khan Marco Polos von China.

Im Laufe dieser ereignisreichen Fahrt geschah etwas Merkwürdiges, das Kolumbus und seine Mannschaft verwirrte. Und erst in allerneuester Zeit fanden die Historiker dafür eine Erklärung.

Kolumbus hatte einige Tage zuvor eine Insel gesichtet, und seine Männer wollten an Land, um Frischwasser zu holen und dann in ihr Heimatland zurückkehren. Verständlicherweise waren sie recht nervös und fürchteten sich vor unbekannten Gefahren, die auf der Insel auf sie lauerten. Aber anstatt umzukehren, bestand Kolumbus auf Fortsetzung der Fahrt nach Westen. In der Nacht vom 11. Oktober tauchte gegen 22 Uhr in der Ferne inmitten der See ein mysteriöses Licht auf. Was konnte dies wohl bedeuten? Welcher Unbekannte gab hier Signale? So fragte sich Kolumbus und suchte vom Heck der *Santa María* aus nach einer Erklärung für diese Zeichen. Das Licht bestärkte ihn in der Meinung, daß Land nicht mehr weit sein konnte. Doch das Licht flimmerte nur wenige Minuten und ward nicht wieder gesehen.

In sein Logbuch trug Kolumbus ein, daß das Licht einer »Kerzenflamme glich und sich auf und nieder bewegte«. Obwohl er und seine Bemannung sicher waren, daß ihnen irgend jemand oder irgendwas Zeichen gegeben hatte, konnten sie im Umkreis keine Lichtquelle ausfindig machen. Das Objekt, was es auch gewesen sein mochte, war so schnell verschwunden, wie es plötzlich erschienen war. Gab es da draußen auf See tatsächlich etwas, oder hatte es sich um eine Augentäuschung gehandelt?

Samuel Eliot Morison, ein Kolumbus-Experte, behauptet, daß es sich bei dem Licht um eine Halluzination gehandelt habe: »Dickleibige Bücher sind geschrieben worden, um die Herkunft dieses Lichtes zu deuten«, so teilt er uns mit. »Ein Seemann braucht keine weiteren Erklärungen. Es geht hier um eine Illusion, ausgelöst durch die aufreibende Wache. Wenn man seiner genauen Position nicht sicher ist und sich nachts anstrengt, um Land zu sichten, neigt man dazu, eingebildete Lichter blitzen zu sehen und nicht vorhandene Glocken und Wellenbrecher zu hören.«

Hier hatte man es sich allerdings zu leicht gemacht. Wenn man sich etwas nicht erklären kann, das nicht nur von ein oder zwei Personen, sondern von der gesamten Mannschaft dreier Schiffe aus verschiedenen Gesichtswinkeln wahrgenommen wurde, hat es keinen Zweck mehr, darüber zu diskutieren, am besten man schweigt darüber.

Hätte Morison die Bahamas besucht, in deren unmittelbarer Nähe Kolumbus das mysteriöse Licht erblickte, und wäre er mit den Fortpflanzungsgewohnheiten eines kleinen Meerestierchens dieser Region vertraut gewesen, würde er sich etwas zurückhaltender geäußert haben.

Ein solcher Besucher der Bahamas war Dr. C. R. Crawshay, ein junger Meeresbiologe der Untersuchungsstation der Königlichen Biologischen Gesellschaft in Plymouth. Sein Aufenthalt ermöglichte ihm eine mehr wissenschaftliche Erklärung dieses eigenartigen Lichtes. Eines Tages dachte er an seinen Aufenthalt auf den Bahamas zurück, wo er für die Regierung tätig gewesen war, und erinnerte sich an das faszinierende Meeresleuchten der atlantischen Glühwürmchen während ihres chaotischen Paarens, das sich regelmäßig eine Stunde vor Aufgehen des Mondes abspielte, wenn dieser in seinem letzten Viertel stand.

Diese im Atlantik beheimateten Glühwürmchen *(Odontosyllis enopla)* sind bezeichnenderweise so benannt, weil die Weibchen dieser Spezies hellen phosphoreszierenden Schein in Intervallen produzieren, um die Männchen anzulocken und sich mit ihnen zu paaren. Dieses Aufleuchten entzückt dann nicht nur Beobachter bei ihren Strandwanderungen, sondern kann auch von Seeleuten von ihren Schiffen aus wahrgenommen werden. Wenn Männchen und Weibchen sich endlich vereinigen, bersten beide im wahrsten Sinne des Wortes und schleudern Samen und Eier in die See. Dies dauert einige Minuten lang, danach verschwinden die Glühwürmchen einen Monat lang – bis kurz vor Eintritt des Mondes in sein drittes Viertel. Crawshay war von diesem fantastischen Schauspiel ganz begeistert.

Da erinnerte sich Crawshay an die Geschichte mit dem Licht, das Kolumbus gesehen haben wollte. Könnten es etwa die Glühwürmchen in Ausübung ihres Fruchtbarkeitsritus gewesen sein? Ganz aufgeregt stöberte der Forscher in alten Almanachen. In welchem Viertel stand der Mond am 11. Oktober 1492? Crawshay konnte es kaum glauben, was er sah. Aber es war so: Der 11. Oktober 1492 lag einen Tag vor dem letzten Viertel des Mondes!

Ganz stolz über die Lösung dieses jahrhundertealten Rätsels publizierte Crawshay seine Entdeckung in *Nature* unter der eindrucksvollen Überschrift »Als Kolumbus Land sichtete, stand dabei möglicherweise die Geburt eines Glühwürmchens Pate.«

Das atlantische Glühwürmchen ist nicht das einzige Lebewesen, dessen Fortpflanzungsritus vom Mondzyklus gelenkt wird. Ein bei Kindern und Erwachsenen gleichermaßen beliebtes Tierchen ist der ›Grunion‹ *(Leuresthes tenuis)**, der an der Westküste von Kalifornien vorkommt.

Der Grunion ist ein kleiner, dünner Fisch, etwa 12–15 cm lang, mit blaugrünem Rücken und silbrigen Seiten und Unterleib. Genau wie die Glühwürmchen reagiert er auf die Bewegungen des Mondes, der ihn auf unerklärliche Weise veranlaßt, nur in drei oder vier Nächten nach Voll- oder Neumond während der Monate Februar bis September zu laichen. In dieser Zeit unternehmen Tausende und aber Tausende Grunions die gefährliche Reise zu den Stränden von Südkalifornien und dem nördlichen Teil von Niederkalifornien mit dem einzigen Ziel, neue Grunions zu zeugen.

Das Laichzeremoniell beginnt stets mit dem Auftauchen einiger Männchen, die sich mit den Wellen zum Strand und dann wieder zurück zur offenen See hin und her tragen lassen. Etwa zwanzig Minuten später erscheinen die Weibchen, schwimmen zum Strand und verlassen das Wasser zum Ablegen ihrer Eier im nassen Sand. Wenn sich die Weibchen erst

* Auf deutsch ›Grunzfisch‹.

mal so weit aufs Land vorgewagt haben, graben sie sich mit wilden Schwanzbewegungen fast vollständig in den Sand ein. Ist dies geschehen, werden sie von ihren männlichen Begleitern, die ihnen auf den Strand gefolgt sind, umschlungen. Bei dieser ›Umarmung‹ legen die Weibchen ihre Eier dicht unter der Oberfläche des Sandes ab. Jetzt entleeren auch die Männchen ihr Sperma am Körper der Weibchen, wo es herunterfließt und dadurch die Eier befruchtet. Von dieser Anstrengung noch ganz erschöpft, trachten Männchen und Weibchen auf schnellstem Wege eine Welle zu erwischen; andernfalls müssen sie am Strand sterben.

Die Eier bleiben im Sand begraben und haben wenig vom Seegang zu leiden, da sie während der Flut abgelegt wurden, als diese ihren Höchststand erreicht hatte. (Bei Ebbe können die Wellen die Nester nicht mehr erreichen, auch nicht die Wellen der nachfolgenden Fluten bei abnehmendem Mond, da der Höchststand der Flut bei Vollmond liegt. So bleiben die Eier bis zum Eintritt des folgenden Neumondes bedeckt, wenn wieder eine hohe Flut zu erwarten ist.)

Unterdessen bleiben die Eier nicht untätig. In ihnen haben sich nach der Befruchtung winzige Grunione gebildet, und bereits zwei Wochen nach der Zeugung sind diese Fischlein fähig, ins Meer zu tauchen. Dazu brauchen sie nur noch die Hochflut bei Neumond, die den die Eier bedeckenden Sand fortspült; das kalte Wasser besorgt dann das Aufbrechen der Eierhüllen. Die so befreiten Grunione lassen sich von den zurückweichenden Wellen in die See treiben.

Da sich dieser Laichzyklus sowohl bei Neumond als auch bei Vollmond abspielt, kann das Licht dabei keine Rolle spielen. Wenn die Gezeiten der auslösende Impuls wären, ergäbe sich die Frage, woher der Grunion weiß, wann die Flut den Höchststand erreicht hat.

Vielleicht noch spannender ist der Zeugungsakt des Palolo-Wurms *(Eunice viridis)*, welcher auf Felsen und Korallen im Südpazifik lebt. Der Palolo-Wurm ist etwa 10 cm lang. Das Männchen ist hellbraun oder ockerfarbig, die Weibchen sind von grüner und grauer Tönung.

Diese Tierchen verbringen ihr ganzes Leben auf dem Seeboden, mit zwei Ausnahmen, diese sind immer sieben bis neun Tage vor Vollmond im Oktober oder November. Nur zu diesem Zeitpunkt brechen Millionen und aber Millionen dieser

Würmer buchstäblich auseinander. Die eine Hälfte mit den Sexualorganen steigt zur Wasseroberfläche empor, während die andere Hälfte in ihren Schlupfwinkeln verharrt und die fehlenden Körperteile durch Nachwachsen ergänzt. An der Wasseroberfläche gleicht die See einer braungrünen Suppe von Palolo-Würmern. Die Suppe nimmt bald ein milchiges Aussehen an, wenn die männlichen und weiblichen Fortpflanzungsorgane Sperma und Eier in die See ejakulieren.

Die Eingeborenen der Südsee erwarten voller Ungeduld dieses Ereignis, denn für sie bedeutet der Palolo-Wurm einen willkommenen Leckerbissen. Wenn der große Tag angebrochen ist, begeben sie sich mit Eimern an die Küste, um soviel wie möglich dieser Kleinsttiere abzuschöpfen, denn eine nächste Gelegenheit dazu bietet sich ihnen erst wieder nach einem Jahr.

Es gibt noch einen Verwandten dieses Südseewurms, den atlantischen Palolo, dessen Fortpflanzungsgewohnheiten recht ähnlich sind. In der Nähe der Tortugas erscheinen sie in Massen um das letzte Viertel des Mondes in den Monaten Juni und Juli. Auch hier hat das Ritual zur Folge, daß sich der Körper des Wurms teilt und eine millionenfache Entleerung der Sexualorgane stattfindet.

Etwas Ähnliches kommt in Indonesien vor, wo sich der Wawo-Wurm in der zweiten und dritten Nacht nach Vollmond der Monate März und April vermehrt. In der Nähe von Japan vollzieht der Bachi-Palolo direkt nach Voll- und Neumond im Oktober und November dieses Ritual. Zu dieser Zeit begeben sich die japanischen Fischer an die See und fangen soviel wie möglich, da diese wohlschmeckenden Würmer für sie erfahrungsgemäß eine leichte Beute sind.

Früher dachte man, daß die Bewegung der Gezeiten für diese merkwürdigen Phänomene verantwortlich wäre. Dieses Argument wurde inzwischen überzeugend widerlegt, denn diese Würmer vermehren sich bei Vollmond auch in Wassertanks auf ganz natürliche Weise, wo es keine stimulierenden Gezeiten gibt.

Ferner haben Wissenschaftler der deutschen Universität Freiburg einen anderen Wurm studiert, den *Platynereis dumerilii,* der an die Meeresoberfläche auftaucht, um sich dort während des letzten Mondviertels zu vermehren. Die Wissenschaftler hielten einige Würmer in Wasserbehältern und setzten sie konstantem Licht aus, um festzustellen, ob sie ihren Fortpflanzungszyklus beibehalten würden. Unter diesen Bedingungen verlor sich der Rhythmus. Als aber neben der Dauerlichtquelle im Laboratorium ein zusätzliches grelles Licht nur an zwei Nächten im Monat eingeschaltet wurde, reagierten die Würmer, als wenn es Vollmond wäre und begannen ihr Fortpflanzungsgeschäft genau eine Woche später, also analog zum letzten Viertel des Mondes. Die Wissenschaftler beobachteten auch, daß die Würmer ihr sexuelles Rendezvous um fünfunddreißig Tage aufschoben, also analog bis zum dritten Viertel des Mondes des nächsten Monats, wenn sie sich für die Fortpflanzung noch unvorbereitet fühlten.

Aus diesen Beobachtungen kann man schließen, daß selbst bei bedecktem Himmel während fast eines Monats zwei wolkenlose Mondnächte ausreichen, um die Fortpflanzungszyklen der männlichen und weiblichen Würmer zu koordinieren, wie bei ihrem Zusammentreffen in offener See. Und selbst wenn Wolken den Mond einen ganzen Monat lang verdeckten, kamen die Würmer zu einem erneuten Stelldichein an die Meeresoberfläche, da sie sich auf unerklärliche Weise an den Vollmond des vergangenen Monats erinnern konnten.

Was auch immer der Zusammenhang zwischen Mond und Fortpflanzungszyklus dieser Meerestiere sein mag, die Synchronisierung der Vermehrungsaktivität mit den Mondphasen hat eine enorme Bedeutung für das nackte Überleben dieser Kreaturen. Wenn es dem Mond nicht gelänge, Männchen und Weibchen zu stimulieren, damit beide gleichzeitig ihren Höhepunkt erreichen, kämen Sperma und Eier, in Anbetracht der Endlosigkeit der See, niemals miteinander in Berührung. Da das Laichen an einem festen Platz zu vorprogrammiertem Zeitpunkt stattfindet, verbleiben die Eier lange genug auf ein bestimmtes Gebiet konzentriert, was die Aussicht auf eine Befruchtung wesentlich erhöht und zum Erhalten der Art beiträgt.

Schon im Altertum beobachtete der griechische Philosoph Aristoteles, daß die Eier des Seeigels synchron zum Mondzyklus zunehmen. Dies ist inzwischen experimentell bestätigt worden, denn tatsächlich wachsen die Keimdrüsen des Seeigels vor Vollmond bis zur Geschlechtsreife heran, wenn die Laichzeit beginnt. Nach Laichen und Entleeren der Keimdrüsen wiederholt sich der Zyklus, die Keimdrüsen nehmen ihre Tätigkeit wieder auf bis zur erneuten Entleerung beim nächsten Vollmond. Die Kammuschel ist ein anderer Meeresbewohner, dessen größte Laichtätigkeit nach Beobachtungen bei Vollmond und das Minimum bei Neumond liegt.

Sind schon die mondabhängigen Fortpflanzungszyklen für sich allein recht interessant, so erhöht sich ihre wissenschaftliche Bedeutung noch für die Fischerei-Industrie. Zum Beispiel arbeiten im Nordosten von Neuseeland die Berufsfischer während gewisser Mondphasen intensiver und länger, da nach ihrer Erfahrung dann dort mit reichlichem und leichtem Fang zu rechnen ist. An anderen Stellen jener Gegenden haben die Fischer übrigens herausgefunden, daß man den Rumpf eines Schiffes besser nicht bei Voll- oder Neumond säubert, da zu dieser Zeit Insektenlarven sich häufiger am Rumpf festsetzen als während anderer Mondphasen. Folglich bleibt der Schiffsrumpf länger sauber, wenn er zwischen Neu- und Vollmond gesäubert wird.

Wegen ihrer biologischen Bedeutung dürfte es nicht überraschen, die Wechselwirkung zwischen Mond und Fortpflanzungszyklus auch bei Landtieren festzustellen, und dies ist auch tatsächlich geschehen.

Die aktive Lebensspanne der Eintagsfliegen zum Beispiel ist auf einige Stunden, und nicht Tage oder Wochen, begrenzt. Denn die meiste Zeit ihres Daseins verbringen sie im Schlafzustand und wachen im Mai auf mit dem einzigen Ziel, sich zu begatten und dadurch die Art zu erhalten. Wo gemäßigtes Klima vorherrscht, wird der Zeugungsakt von den Licht- und Temperaturverhältnissen im Mai gelenkt. In tropischen Ländern sind die klimatischen Unterschiede von Monat zu Monat nur gering. Aus diesem Grunde muß die Paarung durch einen anderen Faktor ausgelöst werden. Naturforscher am Victoriasee in Afrika haben entdeckt, daß die Fortpflanzung der Eintagsfliegen durch den Vollmond angeregt wird.

Dieser mondabhängige Zeugungsrhythmus ist nicht nur auf niedere Lebewesen beschränkt. Eingehende Untersuchungen, geleitet von Dr. J. H. Harrison, über den Fortpflanzungszyklus der malaiischen Waldratte haben den Beweis erbracht, daß die Mehrzahl der Empfängnisse dieser Tiere zur Zeit des Vollmondes stattfindet. Nach Dr. O. Ramanathan ist auch der indische Büffel bei seinen Paarungsgewohnheiten einer gewissen Mondabhängigkeit unterworfen.

Auf der Yale-Universität haben Dr. U. Cowgill und ihre Mitarbeiter eine Steigerung im Sexualverhalten einiger Primaten, Vorläufer unserer eigenen Evolution, festgestellt, welche mit dem Mondzyklus übereinstimmt. Nach sorgfältiger Auswertung ihrer Aufzeichnungen erklärten sie, daß ihre Ergebnisse »auf einen offensichtlichen Fall von Wechselbeziehung zwischen den Höhepunkten sexueller Aktivität und dem Mondzyklus, bei den Primaten der Art Makis und Galagos, hinzudeuten schienen«.

Die Untersuchungen von Dr. Cowgill scheinen auch die Beobachtungen des niederländischen Armeearztes Dr. Hill zu bestätigen, wonach Guayana-Äffchen aus Suriname, Südamerika, in Äquatornähe bei jedem Vollmond einen erhöhten Blutdruck aufweisen und dann während dreier Tage sexuell besonders erregt sind. Dr. Hills Beobachtung und andere Beiträge kann man in der Enzyklopädie *The Psychology of Sex* von Havelock Ellis, dem Pionier der Sexualwissenschaft, nachlesen.

Charles Darwin, in seinen wissenschaftlichen Anschauungen eher konservativ, dessen stammesgeschichtliche Theorie von der Entwicklung der Lebewesen die Denkvorstellungen des Menschen über sich selbst grundlegend änderte und ihm zum Bewußtsein brachte, daß er mit anderen Tieren mehr Gemeinsamkeiten aufweist, als er gewillt war, zuzugeben – äußerte sich folgendermaßen über den möglichen Einfluß des Mondes auf die Menschheit: »Der Mensch ist, wie andere Säugetiere, Vögel und selbst Insekten, jenem mysteriösen Gesetz unterworfen, das gewisse normale Prozesse einleitet, wie zum Beispiel Schwangerschaft, Reifung und Verlauf einiger Krankheiten, und dies in Übereinstimmung mit den Mondperioden.«

Für Darwin war es also klar, daß der Mensch, wie auch viele andere Tiere, dem Einfluß des Mondes ausgesetzt war.

Man wußte schon seit langem, daß das Sexualverlangen von Frauen am höchsten zum Zeitpunkt der Ovulation ist; indessen sind gründliche Untersuchungen auf diesem Gebiet erst in jünster Zeit vorgenommen worden. Gemäß dieser Studie fanden sich dreißig Frauen, die nicht die Pille nahmen, bereit, über ihre sexuellen Gefühle zu diskutieren und über die Monatsperioden während einer Zeitspanne von fünfundsiebzig Zyklen zu berichten. Die Angaben wurden dann analysiert und die auf Sex bezogenen Gefühle sorgfältig mit den entsprechenden Menstruationszyklen verglichen. Das Ergebnis lautete, daß die weibliche Libido zum Zeitpunkt der Ovulation deutlich zunahm.

Dies alles war jedoch nicht ausreichend, um den Mond mit einzubeziehen. Einige weitere Tatsachen verweisen in diese Richtung. Man weiß jetzt, daß zum Beispiel der weibliche Menstrualzyklus, den wir im nächsten Kapitel behandeln werden, im Durchschnitt nicht achtundzwanzig Tage dauert, obwohl man dies in vielen Fachbüchern nachlesen kann, sondern eher 29,5 Tage, was genau mit dem synodischen Monatszyklus des Mondes übereinstimmt. Eine weitere Studie hat deutlich gemacht, daß die durchschnittliche Dauer einer Schwangerschaft beim Menschen, das ist die Zeitspanne zwischen Empfängnis und Geburt, genau neun Monate beträgt (29,5 x 9 = 265,5 Tage). So kann man also, vom Tage der Geburt zurückgezählt, den Tag der Empfängnis genau berechnen und diesen mit der entsprechenden Position des Mondes vergleichen. Wie wir gleich sehen werden, ovuliert eine große Anzahl von Frauen zur Zeit des Vollmondes. Demnach stimmt dies mit dem Zeitpunkt überein, wo die Libido den Höhepunkt erreicht hat und die Frau nach geschlechtlicher Vereinigung verlangt. Es entsteht dann auch eine größere Wahrscheinlichkeit zur Empfängnis. Dieser Beziehung zwischen Mond und Menstruationszyklus werden wir jetzt mehr Aufmerksamkeit zuwenden.

5 Der Einfluß des Mondes auf Frauen

Seit Menschengedenken glaubte man an eine einzigartige Verbindung zwischen Frauen und dem Mond. Schon im alten Babylon vermutete man zum Beispiel einen Einfluß des Mondes auf alles, was Fruchtbarkeit, Schwangerschaft und Geburt betraf. Von denjenigen Frauen, die dem Mond geweiht waren, nahm man an, daß sie vom Mond befruchtet wären, und ihre Kinder wurden Mondkinder genannt. Im alten Persien wurde der Mond gepriesen als ein Gott mit »reichlich Milch, Samen, Fett, Knochenmark und Nachkommenschaft«. Im frühen Ägypten trug der Mondtempel in Theben nachstehende Inschrift: »Sein (des Mondes) starrer Blick läßt die Frauen schwanger werden.«

Den Hintergrund für diesen ehrwürdigen Glauben bildete die Beobachtung, daß die Zeit zwischen Menstruationszyklus und Mondperiode praktisch identisch war. Dies führte zu der Schlußfolgerung, daß der Mond in Wirklichkeit für die weibliche Periode verantwortlich war. Ein solcher Zusammenhang zwischen Mond und Mensis wird in der Tat von vielen primitiven Eingeborenenstämmen als völlig normal angesehen und hat auch in unserem Sprachgebrauch Eingang gefunden mit Ausdrücken wie ›*Katamenien*‹ (Menstruation), eine Zusammensetzung der griechischen Worte ›*kata*‹ und ›*men*‹, was ›durch den Mond‹ bedeutet. Diese Beziehung zwischen Menstrual- und Mondzyklus kommt auch in anderen Sprachen vor. So bezeichnen die Franzosen zum Beispiel den Menstruationszyklus als »le moment de la lune«, zu deutsch »sie hat ihre (Mond-)Tage«. In vielen ländlichen Gegenden Deutschlands spricht man vom ›Mond‹ und meint damit die Regel. In Neuseeland nennen die Maoris die Menstruation ›mata marama‹, was soviel wie ›Mondkrankheit‹ bedeutet. Sie glauben, daß die erste Monatsblutung eines jungen Mädchens die Folge einer Vereinigung des Mondes mit ihm ist, während es im Schlaf lag.

Die alten Hindus glaubten ebenfalls, daß die Menstruation ein Beweis für die Abhängigkeit der Frauen vom Einfluß des Mondes sei. Dieser Glaube fand seinen Niederschlag in einer einfachen Vorschrift, die in die Veda, ihre Heilige Schrift, übernommen wurde. So heißt es im Text: »Das Blut der Frauen ist eine Form von Agni (Name des indischen Gottes des Feuers) und sollte daher von niemandem geringgeschätzt werden.« Da nun das Wort ›Agni‹ mit ›Feuer‹ im Zusammenhang stand, wurde der Begriff auch mit dem Mondlicht verbunden.

Das Wort ›Sabbat‹ geht auf das babylonische Wort ›sabattu‹ zurück, welches seinen Ursprung aus der Beziehung Mond/Menstruation herleitet. Nach Überlieferung der Babylonier hatte Ischtar, die Mondgöttin, ihre Monatsregel bei Vollmond, und dieser ›sabattu‹ oder ›böse Tag‹ wurde zur Arbeit als ungeeignet betrachtet, desgleichen für die Essenszubereitung oder sonstige Tätigkeit, außer zum Ausruhen. Der jüdische Begriff ›Sabbat‹ steht eng, wenn nicht direkt, mit dem babylonischen ›sabattu‹ in Verbindung. Es ist interessant, festzustellen, daß die Juden aus der Umgebung von Babylon nach Palästina kamen. Von den Juden übernahmen die Christen die Sabbat-Idee, und obgleich die Bedeutung dieses Tages als Ruhetag im Sinne der alten Babylonier inzwischen verlorengegangen ist, sind die Vorstellungen über Mond und Menstruation und die damit verbundenen Tabus hauptverantwortlich für die Auffassung, daß der Sabbat ein Ruhetag sein sollte.

Ihrerseits waren die alten Griechen nicht nur davon überzeugt, daß der Menstruationszyklus vom Mond gelenkt wurde, sie sahen darin sogar eine Verwandtschaft: »Der Anfang der Menses bei den Frauen findet statt, wenn der Mond abnimmt«, schrieb Aristoteles, »aus diesem Grund behaupten die Leute, daß der Mond weiblichen Geschlechtes sei, da die Monatsperiode der Frauen mit dem Abnehmen des Mondes zusammenfällt und nach dem Beenden beide wieder zunehmen.«

Aristoteles gab dann eine, seiner Meinung nach recht plausible, Erklärung für dieses Phänomen ab. »Schauen wir uns die Lage der Gebärmutter im weiblichen Körper an, dann finden wir über ihr zwei große Blutgefäße, die sich teilen, die Hohlvene und die Aorta. Von ihnen zweigen zahlreiche feine Adern ab, die in die Gebärmutter münden. Diese sind mit Nährstoffen überfüllt, die sie transportieren. Die weibliche Natur ist nicht in der Lage, sie abzubauen, da sie kälter als die des Mannes ist. Dadurch wird das aufgestaute Blut in die Gebärmutter gedrängt und verursacht dort eine Blutung. Wenn auch der Beginn der weiblichen Blutung nicht genau festliegt, hat es doch den Anschein, daß sie überwiegend mit abnehmendem Mond einsetzt. Dies läge durchaus im Bereich der Wahrscheinlichkeit, denn auch die Tierkörper kühlen ab, wenn die Außentemperatur sinkt, denn die Zeit um Neumond ist kalt.«

Allem Anschein nach war Aristoteles der Ansicht, daß der Mond eine gewisse Wärme bei Vollmond ausstrahlte und bei abnehmendem Mond nachließ. Dies war demnach die Ursache für das Abkühlen von Tieren und insbesondere von Frauen. Als eine Folge davon, so glaubte Aristoteles, waren sie nicht imstande, all ihr Blut zu halten, was die Ursache für den Blutverlust während der Menses wäre.

Bei primitiven Volksstämmen wird die Monatsblutung noch stets dem Einfluß des Mondes zugeschrieben und manchmal als unmittelbare Folge eines Geschlechtsverkehrs zwischen dem Mond und der menstruierenden Frau ausgelegt. Auf den Murray-Inseln zum Beispiel glauben einige Stämme, daß der Mond sich in einen jungen Mann verwandelt und in dieser Gestalt Verkehr mit den Frauen pflegt. Am oberen Amazonas bezeichnen die Uaupe-Indianer die erste Blutung eines jungen Mädchens als die »Entjungferung durch den Mond«.

Der Mond wurde nicht nur als Ursache für das Auslösen der Menstruation verantwortlich gemacht, sondern auch für die Empfängnis. Hiervon sind noch viele primitive Völker überzeugt. Die Maoris in Neuseeland sehen in dem Mond den Vater aller Kinder. Die Eskimos glauben, daß der Mond vom Himmel herabsteigt und bei dieser Gelegenheit ihre Frauen entehrt. Dieser Glaube ist uralt. So steht zum Beispiel in den ehrwürdigen religiösen Texten der Hindus geschrieben, daß der Mondgott Soma körperlich für die Schwängerung der Frauen verantwortlich ist. Auch der römische Volksredner Cicero hat sich in diesem Sinn geäußert. »Der Mond ist«, so meint er, »der Ursprung sowohl von Empfängnis und Geburt als auch von Wachstum und Reife.«

So tief verwurzelt ist dieser Glaube bei vielen primitiven Stämmen, daß man den Frauen nicht die Schuld gibt für etwaige Kinder, die sie empfangen. Dafür macht man den Mond direkt verantwortlich und schließt daraus, daß Geschlechtsverkehr zwischen Männern und Frauen mit einer Empfängnis nichts zu tun hat. Große Freizügigkeit in geschlechtlichen Beziehungen findet man oft bei Stämmen, die solche Ansichten hegen. Aus dem gleichen Grund erhöht sich besonders zu gewissen Mondphasen die Bereitschaft zu wahllosen geschlechtlichen Vereinigungen. Bei den südafrikanischen Bantus zum Beispiel ist das Kommen des Vollmondes ein Signal für sexuelle Zügellosigkeiten. In British Columbia, Kanada, legten die Häuptlinge der Nutka-Indianer besonderen Wert auf die Anwesenheit des Vollmondes, wenn sie sich vom Beischlaf mit ihren Frauen Kinder erhofften. In Schottland trug einst der gleiche Glaube dazu bei, daß junge Männer nicht verlobt werden wollten – es sei denn zur Vollmondzeit.

Die genaue Stunde der Geburt hat, wie es die Astrologen lehren möchten, wesentlichen Einfluß auf die körperliche Konstitution. Diese Ansicht beschränkt sich nicht nur auf die Astrologie, sondern erscheint auch in den Werken von Schriftstellern, die nichts von Wahrsagerei wußten oder sie verspotteten. So führt zum Beispiel Aelian in einer alten Abhandlung ›Über die Tiere‹ wörtlich an, »daß junge Lasttiere, die bei schwindendem Mond geboren werden, weniger tauglich und schwächer sind als andere. Die Kenntnis von diesen Dingen läßt es geraten erscheinen, sie erst gar nicht großzuziehen, da sie doch nur von minderer Qualität seien.«

Auch ohne Befürworter astrologischer Doktrin zu sein, äußerte sich Francis Bacon in seiner *Natural History* im gleichen Sinn: »Es hat den Anschein, daß bei Vollmond geborene Kinder und Jungvieh größer und kräftiger werden als jene, die bei abnehmendem Mond zur Welt kommen.« Ähnlich drückt sich La Martinière, ein französischer Arzt des neunzehnten Jahrhunderts, aus: »Ich habe bemerkt, daß dieser Planet (der Mond) eine enorme Macht über Lebewesen hat. Kinder, die im ersten Viertel des abnehmenden Mondes geboren werden (gemeint ist das dritte Viertel bei abnehmendem Mond), sind eher für Krankheiten empfänglich. Kinder, die bei Neumond (d h. ohne Mond) geboren werden, sind, wenn sie überleben, schwächer, anfälliger und kränklicher, möglicherweise auch dümmer oder Idioten.«

Soviel über den Glauben aus vergangener Zeit. Wir haben keine Ahnung, wie solche Ansichten entstanden sind. Doch die Hartnäckigkeit, mit der sie sich über Zeit und Raum hinweg gehalten haben, ist fesselnd und hat schon manche Gelehrte veranlaßt, den Umständen nachzuforschen, ob es nicht doch zwischen Mondzyklus und der weiblichen Sexualität irgendeinen Zusammenhang gibt.

Jetzt weiß man, daß die Menstruation durch Einwirkung von Hormonen entsteht, welche von der Hirnanhangdrüse erzeugt werden. Diese winzige Drüse liegt im Kopf in Gehirnnähe und gibt Hormone ab, die als eine Art chemische Botschafter durch das Blut weiterbefördert werden und den Eierstock der Frau zum Abstoßen eines Eies (Ovum) in den Eileiter veranlassen.

Wir wissen heute auch, daß die weibliche Periode nach einer Veränderung in der Gebärmutter stattfindet. Was geschieht, ist ein Anschwellen der Blutgefäße in der Gebärmutter in der Erwartung, daß sich in ihr ein befruchtetes Ei einnistet. Das Ei oder Ovum, wie man es auch bezeichnet, wird durch den Eisprung freigegeben und hat eine Lebensdauer von ungefähr achtundvierzig Stunden, es sei denn, es wird von einem Spermatozoon befruchtet. Wenn keine Befruchtung des weiblichen Eies stattfindet, entwickelt sich auch kein Embryo, und das unbefruchtete Ovum wird ausgestoßen, die Blutgefäße im Uterus platzen, und die Monatsblutung setzt ein.

Wenn auch die Wissenschaft heute über den physiologischen Ablauf der Menstruation Bescheid weiß, so fehlt es doch noch an einer Erklärung für die merkwürdige Wechselbeziehung zwischen der weiblichen Periode bei zahlreichen Frauen und dem zyklischen Umlauf des Mondes um die Erde.

Eine der ersten modernen Untersuchungen der Beziehung zwischen Zyklen von Mond und Frau wurde 1898 von dem dänischen Forscher und Nobelpreisträger Svante Arrhenius durchgeführt. In einer Stockholmer Entbindungsanstalt stellte Arrhenius mit Sorgfalt die Zyklen von mehr als 12 000 Frauen zu einer Übersicht zusammen und verglich diese mit der Position des Mondes. Die enge zeitliche Beziehung zwischen beiden überzeugte ihn, daß der Mond tatsächlich eine spezielle Wirksamkeit auf den weiblichen Menstruationszyklus hat.

1936 berichteten zwei deutsche Ärzte, Guthmann und Oswald, daß die Mehrzahl von 10 000 Frauen, von denen Angaben vorlagen, ihre Periode bei Voll- oder Neumond hatten und nur relativ wenige Frauen zu einer anderen Mondphase.

Ein Vierteljahrhundert später, im Jahre 1962, sprach ein tschechoslowakischer Wissenschaftler, Dr. Jeri Malek, vor einer Gruppe von Fachgelehrten der New Yorker Akademie für Wissenschaften über Faktoren, welche die Menstruation bei Frauen beeinflussen. Einer dieser Faktoren, sagte er, sei die Position des Mondes. Bei 7420 Frauen, deren Menstruationszyklus er längere Zeit aufmerksam beobachtet hatte, lag der Beginn der Blutung vorwiegend bei Vollmond.

Obwohl Dr. Malek außerstande war, zu erklären, wieso gerade der Mond Einfluß auf das weibliche Fortpflanzungssystem nehmen konnte, haben zahlreiche Autoren auf den interessanten Umstand hingewiesen, daß ein großer Prozentsatz von Frauen die gleiche Fortpflanzungsempfänglichkeit in bezug auf den Mondzyklus aufweist, wie dies auch bei vielen Meerestieren der Fall ist, worüber wir an anderer Stelle berichtet haben. Wäre es möglich, daß diese Ähnlichkeit eine Art evolutionäres Erbe widerspiegelt?

Charles Darwin, der Gründer der Entwicklungstheorie, dachte so. In ›Die Abstammung des Menschen‹ *(Descent of Man)*, ein Buch, das er 1871 schrieb, wies Darwin auf die Übereinstimmung zwischen Fortpflanzungszyklus der Frauen und dem der Meerestiere hin als Beweis, daß die Entwicklung ihren Anfang bei primitiven Lebensformen in der See genommen hat. »Der Mensch stammt vom Fisch ab«, erklärte Darwin, »und warum sollte nicht der 28-Tage-Zyklus der Frauen ein Überbleibsel aus der Vergangenheit sein, als das Leben noch von den Gezeiten abhängig war und folglich auch vom Mond.«

Obgleich Darwin vermutete, daß der Mond seinen Einfluß auf den Fortpflanzungszyklus der Meerestiere über den Umweg der Gezeiten geltend machte, haben nach seinem Tod weitergeführte Studien gezeigt, daß die Wirkung auf den Fortpflanzungszyklus nicht auf den Gezeiten beruht, sondern das Resultat einer direkten Einflußnahme des Mondes auf die Lebewesen ist.

Eine interessante Entdeckung, worüber zuerst ein Bericht von Dr. Harold Burr von der Yale-Universität erschien, könnte neue Aufschlüsse über den Einfluß des Mondes auf den Fortpflanzungszyklus von Tieren und Frauen geben.

Bei seinen Versuchen mit Pflanzen und Tieren fand Dr. Burr, daß das elektrische Potential oder die Voltspannung, die allen lebenden Dingen eigen ist, in ein ganz bestimmtes Schema zyklischer Veränderung paßt. Zu gewissen Zeiten ist das elektrische Potential von Pflanzen, Tieren und dem menschlichen Körper sehr hoch, ein andermal ist es relativ niedrig. Nach mehrjährigem Studium dieses eigenartigen Phänomens stellte Dr. Burr ein verhältnismäßig hohes Ansteigen des elektrischen Potentials im weiblichen Körper fest, was einmal im Monat stattfindet und etwa vierundzwanzig Stunden anhält. Dazu kommt, daß dieser Anstieg zwischen zwei Menstruationszyklen liegt, was Dr. Burr zu der Annahme brachte, daß hier ein Zusammenhang mit der Ovulation bestehen könnte, dem Loslösen des Eies aus dem weiblichen Eierstock.

Diese Vermutung erwies sich später, während einer Operation im Rahmen von Dr. Burrs Experimenten, als richtig, wozu eine Patientin ihr Einverständnis gegeben hatte. Dr. Burr hatte die Patientin längere Zeit unter Beobachtung, als sie in der Klinik in Erwartung eines chirurgischen Eingriffs lag. Da es sich um eine einfache und nicht eilige Operation handelte, hatte Dr. Burr Gelegenheit, alle eventuellen Veränderungen ihres elektrischen Potentials zu verfolgen, ohne die Frau in irgendeiner Weise zu gefährden.

An dem Tag, als Dr. Burrs Instrumente einen rapiden Anstieg des elektrischen Potentials anzeigten, wurde die Operation vorgenommen. Während des Eingriffs, welcher auch die Eierstöcke einschloß, stellten die Ärzte fest, daß am gleichen Tag eine Ovulation stattgefunden hatte, genau wie es Dr. Burr vorausgesagt hatte aufgrund der Veränderung des elektrischen Potentials in ihrem Körper.

Der nächste Anhaltspunkt für den Einfluß des Mondes auf den weiblichen Menstruationszyklus stammt von einem Bericht von Dr. Leonard Ravitz, einem Arzt der Duke-Universität in Durham, North Carolina. Auch Dr. Ravitz interessierte sich für die Veränderungen des elektrischen Potentials im Körper, und im Rahmen seiner Untersuchungen konnte er ein maximales Ansteigen des elektrischen Potentials bei vielen Frauen während des Vollmondes feststellen.

Hier lag also eine weitere mögliche Ursache vor für die kosmische Verbindung zwischen Mond und weiblichem Fortpflanzungszyklus. Bei Vollmond findet eine dramatische Erhöhung des elektrischen Potentials im weiblichen Körper statt. Dieser Wechsel veranlaßt seinerseits das Loslösen des Ovums aus dem Eierstock. Wenn es zu keiner Befruchtung kommt, wird das Ovum aus dem Körper ausgestoßen, wobei die Monatsblutung einsetzt. Eine Befruchtung bedeutet, daß ein Kind gezeugt wurde. Wir werden gleich sehen, daß der Mond nicht nur bei der Menstruation der Frau eine Rolle spielt, daß auch die Zeit der Geburt weitgehend vom Mond kontrolliert wird.

Die Beziehung zwischen Mond und Empfängnis wurde unlängst weitgehend bestätigt durch ein zufälliges Ereignis am 9. November 1965, der auch als ›Schwarzer Dienstag‹ bekanntgeworden ist.

Alle Amerikaner der Ostküste in den USA werden sich erinnern, wie an diesem 9. November die Stromversorgung an der ganzen Ostküste ausfiel und vollkommene Dunkelheit herrschte. Es gab kein elektrisches Licht, kein Fernsehen, kein Radio. Fahrstühle blieben zwischen den Stockwerken stecken. Nahrungsmittel in den Kühlschränken tauten auf. Die Nacht hatte sich in ein Chaos verwandelt.

Schließlich wurde das Stromnetz wieder instandgesetzt und die Angelegenheit vergessen, jedenfalls schien es so. Aber neun Monate später kam es zu einer Babyschwemme in den Hospitälern des Nordostens der Vereinigten Staaten.

Die Zeitungen griffen den Fall der ›Baby-Welle‹ auf und schrieben, daß die Gelehrten sich im Irrtum befänden, denn nicht das Licht, sondern gerade die Dunkelheit wirkte stimulierend für die Paarung.

Es gab noch eine andere Erklärung, die sie ganz außer Betracht ließen. Hätten sie auf den Kalender geschaut oder fotografische Aufnahmen von jener Nacht betrachtet, so wäre ihnen nicht entgangen, daß der ›Schwarze Dienstag‹ auf eine Nacht fiel, in der ein voller silbriger Mond auf die Erde herabblickte.

6 Der Mond und die Entbindungsanstalt

Der Mond beeinflußt nicht nur den weiblichen Menstruationszyklus, sondern er bestimmt auch den Zeitpunkt der Geburt, so dachte man.

Möglicherweise findet dieser Glaube seinen Ursprung im Vergleich einer schwangeren Frau mit dem Mond beim Durchlaufen seines Zyklus. Ein wachsender Mond entwickelt sich zum vollrunden Himmelskörper, um danach wieder schmaler und schmaler zu werden, bis zu einem unscheinbaren Lichtstreifen. Dieser Vorgang erinnert an den anschwellenden Bauch der schwangeren Frau und sein darauffolgendes Schwinden nach der Geburt des Kindes.

Die herkömmliche Verehrung des Mondes als eine für die Fruchtbarkeit wirksame Kraft trug weiter dazu bei, um an den Einfluß des Mondes auf die Geburt zu glauben, dieselbe Kraft, die Pflanzen und Tiere wachsen und gedeihen läßt. Als befruchtende Naturkraft nahm der Mond bei primitiven Völkern eine vorrangige Stellung in bezug auf Empfängnis und Geburt ein. Dieser Glaube vertiefte sich noch durch die in Jahrhunderten angesammelten Erfahrungen, daß mehr Babys bei Vollmond zur Welt kamen als zu irgendeinem anderen Zeitpunkt des Monats. So schienen bei unseren Vorfahren Ideen und Gegebenheiten auf ein und dasselbe hinauszulaufen.

Kürzlich wohnte ich einer Reihe von Vorlesungen bei, die von der Oberschwester der Entbindungsstation eines großen Krankenhauses über das Thema ›Betreuung von Säuglingen vor und nach der Geburt‹ gehalten wurden. Die meisten Zuhörer waren zukünftige Mütter und Väter. In einer ihrer Lesungen behandelte die Oberschwester die verschiedenen Aberglauben über die Schwangerschaft und Geburt. Sie ging dabei sehr ausführlich auf die Ammenmärchen über Kinder ein, denn sie hatte schon früher die Erfahrung gemacht, daß ihr am Ende einer Lesung stets Fragen über diesen Aberglauben gestellt wurden, manchmal sogar recht törichte. Die Oberschwester erwähnte den weit verbreiteten Irrglauben über Babys, die mit einem Muttermal geboren werden, welches wie ein Tier oder Gegenstand aussieht, worüber sich die Mutter während der Schwangerschaft erschrocken hatte. Nach einem anderen Aberglauben sollten es werdende Mütter vermeiden, verkrüppelte Menschen anzuschauen, da der Anblick von Mißbildungen sich auf ihre Kinder auswirken könnte.

Nach der Lesung war die Oberschwester bereit, Fragen aus dem Publikum zu beantworten. Eine hochschwangere Frau meldete sich sogleich und fragte mit nervöser Stimme, warum kein Wort über den Aberglauben gesagt wurde, daß stets mehr Babys bei Vollmond und Neumond geboren würden.

Darauf entgegnete die Oberschwester: »Dies ist kein Aberglaube, sondern eine Tatsache.«

Es wurde plötzlich still im Saal, als die Oberschwester erklärte, daß sie und auch die anderen Schwestern der Entbindungsstation der Klinik, in der sie schon geraume Zeit arbeitete, aus eigener Erfahrung wußten, daß im Kreißsaal bei Vollmond Hochbetrieb herrschte.

Die meisten Ärzte verwiesen den sogenannten Einfluß des Mondes ins Reich der Fabeln. Die Schwester erwähnte, daß die Ärzte im allgemeinen täglich nur wenige Stunden in der Klinik verweilten. Jeder von ihnen half, ein oder zwei Babys zur Welt zu bringen; dann wendeten sie sich wieder anderen Aufgaben zu. Die Schwestern hingegen arbeiteten in der Entbindungsstation oft bis zu sechzehn Stunden täglich. Sie wußten schon im voraus, an welchen Tagen sie mehr zu tun bekämen, um den Müttern bei der Geburt ihrer Kinder zu helfen. Da sie bei allen Ärzten assistierten, waren sie auch bei mehr Entbindungen anwesend, und ihre müden Füße waren dafür der beste Beweis, daß sie einen sehr anstrengenden Tag hinter sich gebracht hatten.

Nicht alle Geburtshelfer lehnen die Ansicht der Oberschwester ab. Tatsache ist, daß man überall auf der Welt im Laufe der Jahre beachtliches wissenschaftliches Material zu sammeln begonnen hat, woraus eindeutig hervorgeht, daß die Zahl der Geburten bei Vollmond und Neumond steigt.

So berichtete 1929 die angesehene französische medizinische Zeitschrift *La Presse Médicale*, daß kurz nach Vollmond die Geburtenrate doppelt so hoch lag als während der anderen Mondphasen.

1938 berichtete Dr. H. Günther aus Köln, Deutschland, über ähnliche Feststellungen bezüglich der Zunahme von Geburten bei Voll- oder Neumond.

In der Einleitung zu seiner Abhandlung über diesen merkwürdigen Zusammenhang zwischen Mond und Geburt bestätigte Dr. A. G. Schnurman, Geburtshelfer in Roanoke, Virginia, die unter Krankenschwestern weit verbreitete Ansicht, daß die Geburtsstunde vom Mond mitbeeinflußt wird. »Ich habe die Schwestern der Entbindungsstation öfters sagen hören«, schreibt Dr. Schnurman, »daß der Mond gewechselt hat und wieder allerhand Geburten zu erwarten seien.«

Dr. Schnurmans Neugierde war geweckt, und er beschloß, nun selbst der Sache nachzugehen. Im Roanoke-Hospital gab es Aufzeichnungen über die genauen Geburtsstunden von Babys. Dr. Schnurman vertiefte sich in die Unterlagen der letzten fünf Jahre und erfaßte tabellarisch die Geburten, nach Tagen geordnet. Dr. Schnurman kam zu dem Ergebnis, daß bei 40 von 60 untersuchten Monaten (66,7%) die meisten Entbindungen fraglos bei Vollmond, respektive vierundzwanzig Stunden vor- oder nachher, stattgefunden hatten.

»Ich kann keine Aussage machen«, schloß Dr. Schnurman seinen Bericht, doch vielleicht gibt es da eine Erklärung, wenn man sich den Einfluß des Mondes auf die Gezeiten vor Augen hält. »Man sollte sich Gedanken machen«, regte er an, »ob hier nicht der Mond möglicherweise elektronisch auf das Fruchtwasser einwirkt wie auch auf anderes Wasser, so z. B. bei den Gezeiten.«

Dr. Walter Menaker verursachte 1959 einen großen Wirbel in medizinischen Kreisen, als er Dr. Schnurmans Erkenntnisse bestätigte. Nach den Ergebnissen seiner Analyse von mehr als einer halben Million Geburten in der Stadt New York zwischen Januar 1948 und Januar 1957 war die Geburtenrate der Stadt am höchsten bei Vollmond. Die Resultate seiner Untersuchungen, die im *American Journal of Obstretics and Gynecology* veröffentlicht wurden, fanden in Fachkreisen überall großes Interesse. Jetzt stand es den Ärzten nicht mehr an, über die angebliche Naivität vergangener Jahrhunderte zu lächeln. Die erst so geringgeschätzte Volksweisheit mußte jetzt ernst genommen werden.

Im gleichen Jahr, als Dr. Menaker seinen Bericht publizierte, versetzte Dr. Edson J. Andrews seine Fachkollegen in Erstaunen, als er seine eigenen Untersuchungsbefunde über die Beziehung zwischen Mondzyklus und Geburtenrate während eines Ärztekongresses in Miami, Florida, bekanntgab.

Dr. Andrews war selbst erstaunt, als er die Geburtenhäufigkeit in der Tallahassee Memorial Klinik der Jahre 1956, 1957 und 1958 mit den Mondphasen verglich. An zwei Tagen um Vollmond wurden 401 Babys geboren, bei Neumond erblickten 375 Babys das Licht der Welt, an zwei Tagen im ersten Viertel des Mondes waren es hingegen nur 320!

1967 veröffentlichte Dr. Menaker seine Untersuchungsergebnisse über eine weitere halbe Million Geburten in der Stadt New York von Januar 1961 bis Dezember 1963. Auch diesmal lag die größte Geburtenhäufigkeit um die Zeit des Vollmondes.

1973 erschien eine weitere Untersuchungsanalyse der Geburten in der Stadt New York, diesmal von Dr. M. Osley von der Staatsuniversität in Buffalo (im Staate New York). Ausgewertet waren eine halbe Million Geburten während dreier Jahre. Dr. Osley stellte eine bedeutende Geburtenzunahme gerade kurz vor Vollmond fest. Die Anzahl der Geburten genau am Tage des Vollmondes lag ebenfalls über dem Durchschnitt.

Aufgrund der verschiedenen Studien, aus denen die eindeutige Beziehung zwischen Geburtenrate und Mondzyklus hervorgeht, schlägt Dr. Menaker als praktische Nutzanwendung dieser Erkenntnis vor, daß für Paare, die sich ein Kind wünschen, die Tage kurz vor Vollmond für eine Vereinigung am günstigsten sind. Diese Mutmaßung läßt sich aus der Tatsache ableiten, daß eine normale Schwangerschaft vierzig Wochen oder zehn Mond-Monate dauert; auch wird dadurch bekräftigt, daß der Mond den Eisprung im Eierstock der Frauen beeinflußt, was wir bereits im vorigen Kapitel besprochen haben. Andererseits sollten Paare tunlichst an den Tagen um Vollmond enthaltsam bleiben, wenn sie die Chancen für eine Empfängnis niedrig halten wollen.

Diese Gedankengänge wurden um einiges erweitert durch Dr. Eugene Jonas, Direktor der Psychiatrischen Abteilung an einem der Staatskrankenhäuser der Tschechoslowakei. Bei vielen seiner Patientinnen beobachtete Dr. Jonas ein periodisches Ansteigen des sexuellen Verlangens. Zunächst fand Dr. Jonas für dieses Verhalten keine Erklärung; doch schließlich überzeugten ihn seine Untersuchungen, wonach das Sexualverlangen und damit die Chancen auf eine Empfängnis dann am größten waren, wenn die Mondphase die gleiche wie bei ihrer eigenen Geburt war.

Weiterhin fand er heraus, daß er mit ziemlicher Genauigkeit das Geschlecht des Kindes voraussagen konnte, wenn ihm die Position des Mondes am Tage der Empfängnis bekannt war! »Zuerst«, schreibt Dr. Jonas, »schienen mir diese Vorstellungen fantastisch, und ich konnte selbst nicht daran glauben, daß das wahr wäre. Indessen bewiesen mir meine Beobachtungen und Untersuchungen an Tausenden von Fällen in der Frauenklinik von Poszony (bei Preßburg, Tschechoslowakei), daß, je mehr Entbindungen ich studierte und je genauer meine astronomischen Berechnungen wurden, die Resultate die Existenz eines bisher unbekannten Naturgesetzes deutlich erkennen ließen.«

So überraschend es auch klingen mag, Dr. Jonas' Entdeckungen wurden in verschiedenen europäischen Ländern von unabhängig voneinander arbeitenden Gynäkologen bestätigt. Und 1960, auf einem gynäkologischen Kongreß in Preßburg, gelangte eine Reihe von unvoreingenommenen Ärzten zu demselben Ergebnis. 1964 legte Dr. Jonas seine Arbeit auf dem Kongreß für Bio-Rhythmus der Tschechoslowakischen Akademie der Wissenschaften vor. »Wir können nicht an der Darlegung von Dr. Jonas vorbeigehen«, gab Dr. J. Malek von der Prager Frauenklinik zu, dessen eigene, unabhängig geführten Studien den Einfluß des Mondes auf den Menstruationszyklus erkennen ließen. In Ungarn hat Dr. K. Rechnitz, assoziierter Professor für Frauenheilkunde an der ersten Frauenklinik von Budapest, die Methoden von Dr. Jonas angewandt und ebenfalls berichtet, daß es mit 94prozentiger Genauigkeit möglich ist, das Geschlecht eines Kindes vorauszusagen. In seinem Heimatland hat ein von Regierungsseite unterstütztes Komitee von Gynäkologen Dr. Jonas' Methode getestet, und in 83 Prozent der Fälle konnte eine zutreffende Voraussage gemacht werden (nach der Wahrscheinlichkeitsberechnung wären es nur 50 Prozent gewesen). Auch Forscher des berühmten Max-Planck-Instituts in Heidelberg, Deutschland, haben die Richtigkeit von Dr. Jonas' Entdeckung bestätigt. In München hat Dr. R. Tomascheck, Präsident der Internationalen Gesellschaft für Geophysik, Dr. Jonas jetzt öffentlich seine Unterstützung zugesagt.

Als eine Folge seiner Entdeckungen hat Dr. Jonas jetzt in einigen europäischen Ländern Beratungsstellen in Kliniken eingerichtet, wo Frauen über Perioden höherer und niedrigerer Empfängnisbereitschaft unterrichtet werden sollen. In der Tschechoslowakei hat das Gesundheitsministerium in Nitra das Astra-Forschungs-Institut für Familienplanung gegründet, dem auch eine Beratungsstelle für Frauen angegliedert ist*.

Ergänzend zum Thema Einfluß des Mondes auf Geburten innerhalb einer bestimmten Zeit gibt es Hinweise aufgrund von Tests an Tieren, daß der Stand des Mondes (Erdnähe bzw. Erdferne) auch bei ihnen einen Einfluß auf nachfolgendes Verhalten hat.

Der Nachweis stützt sich in erster Linie auf eine Arbeit, über die Dr. M. A. Persinger von der Universität in Manitoba, Kanada, 1971 berichtet hat. Dr. Persinger konzentrierte sein Interesse vornehmlich auf das Studium, wie elektromagnetische Felder mit niedriger Frequenz, wie sie in der Natur vorkommen, auf das Verhalten von Tieren wirken. Dr. Persinger wußte schon, daß solche elektromagnetischen Kräfte menschliche Reaktionszeiten und sich wandelndes Bewegungsverhalten bei niedrigen Spezien beeinflussen konnten, und er stellte sich die Frage, inwieweit die gleichen Kräfte auf das Verhalten erwachsener Tiere einwirken, die in einem elektromagnetischen Feld geboren und aufgezogen werden.

Um sich Klarheit über das Problem zu verschaffen, züchtete er Rattenweibchen, die zu speziellen Tagen vor oder nach dem *Perigäum* oder *Apogäum* des Mondes Junge werfen sollten. Die eine Hälfte der Ratten wurde während der ganzen Schwangerschaft zwischen zwei in entgegengesetzter Richtung rotierende Magnete gesetzt; bei der anderen Hälfte der Ratten fiel diese Voraussetzung fort. Gleich nach der Geburt wurden die Jungtiere mit ihren Müttern in Normalkäfigen des Laboratoriums untergebracht. Nach drei Wochen wurden die jungen Ratten in einen abgegrenzten Raum gebracht, der in Felder unterteilt war. Jetzt stellte man fest, wie viele Felder jedes Tier in einer bestimmten Zeit überquerte. Nach der für Psychotests gültigen Theorie müßten Tiere, die eine größere Zahl Felder überqueren (also aktiver sind), auch neugieriger und furchtloser sein.

* Geschlossen im Anschluß an die russische Invasion in der Tschechoslowakei.

Die Resultate ergaben, daß die Position des Mondes zur Zeit der Geburt keinen Einfluß auf das Bewegungsverhalten der Versuchstiere hatte. Dagegen konnte bei Tieren, die einem elektromagnetischen Feld ausgesetzt waren, eine deutliche Wirkung aufgrund der Position des Mondes festgestellt werden. Diejenigen Tiere, welche während des *Perigäums* des Mondes oder in dessen Nähe geboren waren, bewegten sich kaum im Testraum. Die anderen Tiere, unter gleichen Bedingungen aufgewachsen, jedoch im *Apogäum* geworfen oder nahe daran, durchliefen bezeichnenderweise mehr Felder. Mit anderen Worten: Sie waren entweder neugieriger oder weniger furchtsam als jene, die zur Zeit des *Perigäums* geboren wurden. Aus den vorliegenden Ergebnissen könnte man schließen, daß der Mond einen langfristig wirkenden Einfluß sowohl auf zukünftiges Verhalten als auch auf die Zeit der Geburt haben kann.

7 Der Mond und das Wachstum der Pflanzen

Im 5. Buch Mose, Kapitel 33, Vers 13—14, können wir lesen: »Sein Land liegt im Segen des Herrn ... da sind edle Früchte von der Sonne – und edle, reife Früchte der Monde.« Dieses über 2500 Jahre alte Bibelzitat zeugt vom Glauben, daß sowohl der Mond als auch die Sonne den Pflanzenwuchs beeinflussen.

Die Hebräer der Bibel waren nicht das einzige Volk im Altertum, das dem Mond geheimnisvolle Kräfte über das pflanzliche Leben zuschrieb. In Babylonien, einer noch viel älteren Zivilisation als die hebräische, wurde die Mondgöttin Ischtar die ›Grüne‹ und die ›Taubringende‹ genannt. Nur sie allein unter den Gottheiten, die über die Erde herrschten, wurde verehrt als Schutzgöttin von Flüssen und Quellen, die der Erde entsprangen und die Vegetation in den heißen und wüsten Ländern Mesopotamiens ermöglichten. Es kann daher auch nicht überraschen, daß man zu ihrer Ehre oft Tempel in den zahlreichen Grotten der Wüste errichtete, denn eine Quelle bedeutete nicht nur Vegetation, sondern auch Überleben. Außerdem ist es nicht zu verwundern, daß man ihren heiligen Geist anbetete vor jeder Aussaat und bevor die Ernte eingebracht wurde.

Obwohl Zivilisationen wie die der Babylonier untergegangen sind und nur wenige Spuren ihrer Existenz hinterlassen haben, ist ihr Gedankengut nicht mit ihnen ausgelöscht worden. Andere Völker, mit denen Beziehungen bestanden, übernahmen die Ideen und verfeinerten sie. Als Folge solcher Kontakte beschäftigten sich zum Beispiel die Griechen mit dem Problem, auf welche Weise der Mond den Pflanzenwuchs beeinflußte. Tief beeindruckt vom Einfluß des Mondes auf die Pflanzen, stellten die Griechen den Mond als lebensspendende Kraft noch über die Sonne.

Diese Verehrung für den Mond spricht aus den Schriften des berühmten Historikers und Philosophen Plutarch im 1. Jahrhundert v. Chr., der seine Schüler lehrte, daß der »Mond mit seinem feuchten und fruchtbaren Licht günstig für die

Vermehrung von Pflanzen und Tieren ist, wohingegen die Sonne mit ihrer versengenden Glut alle wachsenden Dinge ausdörrt und verbrennt«.

Experimente, auf die wir gleich eingehen werden, haben bewiesen, daß es bei Vollmond häufiger regnet und die Saaten dann mehr Feuchtigkeit aufnehmen als zu irgendeiner anderen Mondphase. Wenn also Saaten die lebensspendende Feuchtigkeit benötigen, um zu keimen und zu gedeihen, welche Zeit wäre denn zur Aussaat geeigneter als die, in der man am ehesten mit Regen rechnen kann.

Auch die Römer waren davon überzeugt, daß der Mond den Regen und die Luftfeuchtigkeit beeinflußt. Plinius, ein berühmter Naturforscher des 1. Jahrhunderts n. Chr., bezeichnete den Mond als den Planeten des Atems »weil er die Erde durchtränkt (mit Wasser) und bei seiner Annäherung (d. h. wenn er sich rundet) die Körper füllt und sie bei seinem Schwinden entleert«.

Erst im sechzehnten Jahrhundert wurden erste Versuche durchgeführt, alte Bauernregeln über den Einfluß des Mondes auf den Pflanzenwuchs nachzuprüfen. Pionier bei diesen Experimenten war der weltberühmte Sir Francis Bacon, der für sich das Recht in Anspruch nehmen darf, das gefördert zu haben, was man unter ›wissenschaftlicher Methode‹ versteht.

Bacons bedeutender Beitrag für die Wissenschaft war es, Richtlinien für Forschungsarbeiten festgelegt zu haben. Dadurch wurde es Forschern ermöglicht, bereits einmal durchgeführte Experimente zu wiederholen und schrittweise nach der dabei angewandten Methode vorzugehen. So konnte ein Wissenschaftler den anderen überprüfen. Ein weiterer Beitrag von Bacon in der wissenschaftlichen Methodenlehre war das Konzept der ›Kontroll‹-Gruppe. Es genügte nicht, zu beweisen, daß Y von X ausgelöst wurde. Bacon sagte, daß ein Wissenschaftler auch nachzuweisen hätte, daß, wenn alles, außer für X, beim alten bliebe, auch Y nicht mehr existierte.

In einem seiner berühmten Experimente beschrieb Bacon das von ihm angewandte Verfahren, den Nachweis für die Einwirkung des Mondes auf den Pflanzenwuchs zu liefern. Nachstehend geben wir seine Anweisungen wieder für alle, die das Experiment selbst durchführen möchten:

»Nimm ein paar Samen oder Wurzeln (wie Zwiebeln etc.) und pflanze einige davon sofort nach Neumond, die anderen derselben Sorte direkt nach Vollmond ein. Laß sie unter gleichen Bedingungen gedeihen, was Erde und Standort angeht, am besten in Töpfen. Stell die Töpfe dort auf, wo sie vor Regen und Sonne geschützt sind, damit nicht Witterungseinflüsse das Experiment zunichte machen. Dann beobachte, in welcher Zeit die bei zunehmendem Mond gesetzten Pflanzen eine gewisse Höhe erreicht haben und wie sie sich von denen unterscheiden, die bei abnehmendem Mond gesetzt wurden.«

Nach J. G. Frazier, dessen zehn Bände umfassendes Werk ›Der goldene Zweig‹ *(The Golden Bough)* noch heute als wichtiges Nachschlagewerk für die Anthropologie gilt, ist das Pflanzen bei Mondschein unter primitiven Völkern der ganzen Welt eine noch weit verbreitete Gewohnheit. Bei brasilianischen Stämmen herrscht zum Beispiel der Glaube, daß alles Gemüse vom Mond erschaffen wurde. Sie nennen ihn daher die »Mutter aller Pflanzen«; bei Saat und Ernte richten sie sich nach den jeweiligen Mondphasen. In Zentralafrika wird eine einzigartige Zeremonie mit dem Glauben an die Zeugungskraft des Mondes verbunden: Gleich nach Neumond bringt man die sorgfältig aufbewahrte Plazenta des Königs ins Freie. Frazier vermutet, daß der Sinn der Zeremonie die Stärkung des Königs ist, wenn man die Plazenta dem Einfluß des zunehmenden Mondes aussetzt (denn man hält die Plazenta für eine Art äußerliche Seele).

In den Vereinigten Staaten sind Volksbräuche in Verbindung mit dem Einfluß des Mondes eher traditionsgebunden gewesen. So pflanzten zum Beispiel die Farmer in North Carolina die Kartoffeln bei abnehmendem Mond und den Kohl bei Neumond, damit er schön vollrund werden sollte. In Buffalo Valley, Zentral-Pennsylvanien, lehrten die Pennsylvanien-Deutschen ihren Kindern folgende Bauernregeln: »Bohnen, die gepflanzt werden, wenn die Hörner des Mondes nach oben weisen, werden schnell gedeihen, doch langsamer, wenn die Hörner nach unten zeigen; pflanze Frühkartoffeln, wenn die Hörner des Mondes nach oben weisen, andernfalls wachsen sie zu sehr in die Tiefe; pflanze Zwiebeln, wenn die Hörner des Mondes nach unten zeigen. Getreide, das bei wachsendem Mond gesät wird, keimt schneller.« Das gleiche gilt auch für den Reifeprozeß des Getreides.

Pfarrer Dr. Samuel Deane (1733–1814) schrieb über ähnlichen Glauben und Praktiken in Portsmouth, Maine, im achtzehnten Jahrhundert: »Manche mögen das Pflücken von Äpfeln am Tage des Vollmondes für eine Laune halten. Wie wir jedoch wissen, werden sowohl Tiere als auch Gemüse unter gewissen Bedingungen vom Mond beeinflußt; warum sollten dann nicht auch die Früchte davon profitieren, wenn die Anziehungskraft der Himmelskörper am stärksten ist? Und wenn das stimmt, dann pflücke ich meine Äpfel, wenn es mir am günstigsten erscheint und meine, daß dies am Tag einer Konjunktion von Mond und Sonne zutrifft, allerdings fehlt es mir noch an Erfahrung. Die gleiche Umsicht sollte man beim Ernten anderer Obstsorten walten lassen, nicht zuletzt von Äpfeln zum Bereiten von Most – aber das habe ich noch nicht ausprobiert.«

Es ist schade, daß wir das Ergebnis von Pfarrer Deanes Versuchen nicht kennen, womit er seine Vermutung bestätigt wissen wollte. Nehemiah Grew, einer der Begründer der modernen wissenschaftlichen Botanik, hielt es für wahrscheinlich, daß der Mond das Keimen beeinflußt. In seinem bereits klassisch gewordenen Werk ›Die Anatomie der Pflanzen‹ *(Anatomy of Plants)* führt Grew an: »Bei allen einjährigen Gewächsen, die mehrmals Knospen treiben, beginnt die aufeinanderfolgende Knospenbildung zu bestimmten Zeiten, in einigen Pflanzen zu jedem Neumond, bei anderen zu Vollmond und bei manchen sogar alle vierzehn Tage.«

Unsere Vorväter waren weitgehend vom Einfluß des Mondes auf den Pflanzenwuchs überzeugt, eine nach dem damaligen Stand der Wissenschaft gut fundierte Ansicht. Dennoch wurden im Laufe der Geschichte viele dieser Bauernweisheiten in puncto Einfluß des Mondes auf den Pflanzenwuchs als Unsinn aus vergangenen Zeiten abgelehnt. Ganz vom Fortschritt ihres eigenen Zeitalters eingenommen, schauten spätere Generationen mit Geringschätzung auf alles herab, was ihre Väter und Großväter über die Kräfte zu sagen hatten, die Leben und Wachstum kontrollierten. Eingeschlossen in die Städte verloren die Menschen den Kontakt mit der Natur. Mit dem Einsetzen der Landflucht verschwand auch das Wissen um den Einfluß der Himmelskörper, wie zum Beispiel des Mondes, auf das Leben der Pflanzen, von denen sie sich ja schließlich ernährten.

Wie dem auch sei, im zwanzigsten Jahrhundert wurden viele dieser Wahrheiten wiederentdeckt. Je aufgeklärter man sich zeigte, desto mehr Achtung zollte man wieder der Volkskunde:

Nur weil eine Idee oder Vorstellung alt war, brauchte sie nicht unbedingt auch falsch zu sein.

Die ersten modernen wissenschaftlichen Studien über die Einwirkung des Mondes auf den Pflanzenwuchs wurden von Dr. Lily Kolisko durchgeführt. Frau Dr. Kolisko arbeitete am Biologischen Institut von Stuttgart, Deutschland. Zehn Jahre lang, zwischen 1926 und 1935, säte sie Blattgemüse und Hülsenfrüchte, worunter Kopfsalat, Bohnen, Gurken, Erbsen, sodann auch Tomaten und Wurzelgemüse, wie Radieschen, Möhren, rote Bete und Kohlrabi, waren, und dies zu verschiedenen Mondphasen. Nach zehn Jahren gründlicher Forschungsarbeit fühlte sich Frau Dr. Kolisko autorisiert, Aussagen über den Einfluß des Mondes auf den Pflanzenwuchs zu machen.

Nachstehend eine Kurzfassung ihrer Studien:

Mais. Bei Aussaat zwei Tage vor Vollmond schienen die Pflanzen kräftiger entwickelt zu sein, die Maiskolben waren größer und die Blätter dicker als bei Pflanzen, die zwei Tage vor Neumond gesät waren. Die Unterschiede traten nicht in dem Maße hervor, wenn die Aussaat genau am Tag des Vollmondes oder Neumondes erfolgt war. »Die Schlußfolgerung ist«, schreibt Frau Dr. Kolisko, »daß das Gewächs bei der Aussaat die Kräfte des Vollmondes benötigt. Mais bei Neumond gepflanzt, gedeiht weniger gut.«

Kopfsalat, Kohl und Wirsing. Sämlinge, zwei Tage vor Vollmond eingesetzt, zeigten einen kräftigeren Wuchs. Fast alle Sämlinge, die vor Vollmond gesteckt waren, keimten auf. Dies traf nicht immer zu bei solchen, die bei Neumond eingepflanzt worden waren. Die bei Vollmond ausgesäten Gewächse waren im Reifezustand dreimal schwerer und der Ertrag lag 30 bis 40 Prozent höher als bei den zu Neumond gepflanzten Gewächsen.

Tomaten. Diejenigen, welche zwei Tage vor Vollmond ausgesät wurden, waren kräftiger und trugen saftigere Früchte als jene, die bei Neumond gesät waren. »Aufgrund der langjährigen Experimente«, schreibt Frau Dr. Kolisko, »können wir mit gutem Gewissen empfehlen, daß Tomaten zwei Tage vor Vollmond ausgesät werden sollten.«

Radieschen. Wenn sie zwei Tage vor Vollmond ausgesät werden, scheinen sie bessere Blätter und Wurzeln zu haben. Das Vollmond-Radieschen hat einen milden Geschmack, wohingegen das Neumond-Radieschen ›scharf‹ schmeckt.

Möhren. Vollmond-Möhren haben eine glattere Oberfläche als Neumond-Möhren, die runzliger aussehen. Erstere sind auch saftreicher und schmecken milder und süßer als letztere, die einen bitteren und strengen Geschmack haben.

Zusammenfassend kann man sagen, daß nach Frau Dr. Koliskos Forschungsergebnissen die günstigste Zeit zum Aussäen zwei Tage vor Vollmond ist. Die ausgereiften Pflanzen aus dieser Zeit wurden kräftiger und größer als solche, die zu anderen Mondphasen ausgesät waren. Das genau gegenteilige Resultat wurde erzielt, wenn man die Aussaat zwei Tage vor Neumond vornahm. Hiermit wurde der Glaube bestätigt, wonach Ernten bessere Erträge bringen, wenn die Aussaat bei wachsendem Mond erfolgt war.

Dr. Harold S. Burr von der Yale-Universität, den wir bereits an anderer Stelle erwähnten in Verbindung mit seiner Arbeit über elektrisches Potential und dessen Beziehung zum weiblichen Menstruationszyklus, berichtete einige Jahre nach der Publikation der voranstehenden Studien von bemerkenswerten Ergebnissen eigener Studien über die Einwirkung des Mondes auf den Pflanzenwuchs.

Dr. Burr fing mit seinen Experimenten auf bescheidener Basis an und wählte als erstes Versuchsobjekt einen jungen und robusten Ahornbaum, der vor seinem Haus in New Haven, Connecticut, stand. Als Vorbereitung entfernte Dr. Burr sorgfältig etwas Rinde und stellte neben den Baum zwei kleine Gefäße aus Kunststein in 30 cm bzw. 1,20 m Höhe über dem Boden auf. In den Behältern, die mit Salzgelee gefüllt waren, wurden speziell präparierte Elektroden eingeführt. Die obere Elektrode war mit dem positiven Pol, die untere geerdete Elektrode mit dem negativen Pol eines Voltmessers verbunden.

Dr. Burr kontrollierte das Wachsen des Baumes nicht durch Nachmessen. Es ist jedoch bekannt, daß Bäume jede Minute elektrische Impulse aussenden, und daß ein scharfes Ansteigen dieser Impulse mit einer Erhöhung des physischen Wachstums zusammenhängt. Folglich würden etwaige Veränderungen des elektrischen Potentials von Pflanzen in Verbindung mit dem Mondzyklus ein weiteres Argument für den angeblichen Einfluß des Mondes auf den Pflanzenwuchs liefern. Nach Prüfen und Analysieren detaillierter Aufzeichnungen über die sich regelmäßig wiederholende Periodizität bei den elektrischen

Strahlungen des Baumes in einem Zeitraum von drei Monaten hatte Dr. Burr den endgültigen Beweis in der Hand, daß die Periodizität mit dem Mondzyklus übereinstimmte. Interessanterweise war die elektrische Strahlung und folglich auch das effektive Wachstum bei Vollmond und Neumond am größten!

Es wurden noch weitere Tests durchgeführt. Als nächsten Baum fand Dr. Burr in der Nähe seines Laboratoriums eine alte Ulme und auf dem Gelände der Versuchsanstalt einen Birnbaum. Nun hatte Dr. Burr gleich drei ›Antennen zum Universum‹, wie er sie liebevoll nannte: eine in der Stadt, eine auf dem Land und eine dritte in der kontrollierten Umgebung seines Laboratoriums. Auch diesmal ließen die Bäume erkennen, daß ihr Wachstum in direktem Zusammenhang mit dem Mondzyklus stand, und somit wurde die frühere Arbeit von Frau Dr. Kolisko bestätigt.

Es ist noch nicht lange her, daß Professor Frank A. Brown von der North Western University in Illinois ebenfalls begann, die Beziehung zwischen Mondzyklus und Pflanzenwuchs zu untersuchen. Auch er fand dabei mehrere Beispiele für eine Einwirkung des Mondes auf die Pflanzen.

Dr. Browns Experimente nahmen in einer Kolonialwarenhandlung ihren Anfang, in der er einen Beutel mit Idaho-Kartoffeln kaufte. Er wollte den Sauerstoffverbrauch dieser Knollen feststellen und prüfen, ob ihre Atmung durch den Mond beeinträchtigt wurde.

Alle lebenden Organismen, Pflanzen sowohl als auch Tiere, müssen Sauerstoff einatmen, um zu leben, ein Vorgang, den man Respiration nennt. Bei der Respiration wird Sauerstoff von den Zellen aufgenommen und mit Zucker verbunden, um Energie zu produzieren. Bei diesem Prozeß wird Stickstoff abgegeben. Ohne Atmung wären die Zellen lebender Organismen nicht fähig, die zu ihrer Funktion benötigte Energie zu erzeugen, und der Tod wäre die Folge. Alle lebenden Organismen atmen und verbrauchen laufend Sauerstoff. Aus diesem Grund entfernt man nachts aus den Krankenzimmern der Kliniken die Pflanzen, denn sonst würden diese den Patienten einen Teil des ihnen zustehenden Sauerstoffs wegnehmen, was nachteilige Folgen für sie haben könnte.

Zwar verbrauchen die Pflanzen am Tage Sauerstoff, aber sie produzieren ihn auch, ein Vorgang, der Fotosynthese genannt wird. Durch eine Reihe komplizierter Prozesse, die in der

Pflanze nur bei Tageslicht stattfinden, wird Stickstoff aufgenommen und mit anderen Molekülen in Zucker umgesetzt. Während dieses erstaunlichen Vorgangs wird Sauerstoff als Nebenprodukt frei. Auf diese Weise werden die Pflanzen zu perfekten Selbstversorgern. Sie können Zucker herstellen und diesen für sich arbeiten lassen. Tiere, obwohl in vieler Hinsicht viel komplizierter gebaut, sind keine Selbstversorger in diesem Sinn. Sie hängen direkt von den Pflanzen ab, um ihren Zukkerbedarf zu decken, oder auf direkte Weise, indem sie Pflanzenfresser auffressen.

Über den Sauerstoffbedarf der Pflanzen, sowohl bei Tag als auch bei Nacht, war sich Dr. Brown vollkommen klar. Nun hatte er die glänzende Idee, den täglichen Sauerstoffverbrauch der Kartoffeln zu messen und dabei zu prüfen, ob dieser Anteil vom Mondzyklus beeinflußt wird. Die Kartoffel eignet sich gut dazu, da sie unter der Erde wächst und in einem dunklen Raum gezüchtet werden kann. Demgemäß verschloß Dr. Brown in seinem Laboratorium die keimenden Kartoffelknollen in Spezialbehälter und begann, Werte zu notieren. Der Sinn des Experimentes war der, die Kartoffeln von jeglichen Umweltveränderungen abzuschirmen, wie zum Beispiel Licht, Temperatur, Luftdruck, Feuchtigkeit etc., alles Reizquellen, die den Sauerstoffverbrauch der Gewächse beeinflussen konnten.

Das Studium dehnte sich über eine Periode von zehn Jahren aus und ergab, daß der Sauerstoffverbrauch der Kartoffeln kurz vor Vollmond am stärksten war und kurz nach Neumond am niedrigsten, zuzüglich täglicher Schwankungen mit einem Minimum und Maximum kurz vor Mondaufgang bzw. Monduntergang. »Es war also deutlich«, schlußfolgerte Dr. Brown, »daß die Kartoffeln, die monatelang von normalen Umwelteinflüssen hermetisch abgeschlossen waren, auf hartnäckige Weise die täglichen und monatlichen Mondperioden widerspiegelten.«

Bei einem anderen Versuch mit Algen fand Dr. Brown einen gleichen Tages- und Monatsrhythmus im Sauerstoffverbrauch wie bei den Kartoffeln. Ungeachtet der Entfernung von Tausenden von Kilometern zwischen ursprünglichem Standort und Laboratorium, wo die Experimente durchgeführt wurden, und trotz des Unterschiedes zwischen Landgewächs (Kartoffel) und Wasserpflanze (Alge) reagierten beide »erstaunlich gleichartig auf die täglichen Veränderungen des Mondes«.

Bei einem weiteren Experiment tauchte Dr. Brown einige Bündel von gewöhnlichen Gartenbohnen zwischen zwölf und vierundzwanzig Stunden in Leitungswasser. Die Bündel wurden dann herausgenommen, auf Saugpapier gepreßt und danach auf einer Präzisionswaage gewogen. Nach dem Wiegen tauchte man die Bündel erneut ins Wasser. Vier Stunden später, immer genau zur Mittagszeit, wurden sie wieder herausgeholt, getrocknet und gewogen wie beim ersten Versuch. Der Gewichtsunterschied zwischen erstem und zweitem Wiegen wurde ausgerechnet, um die von den Bohnen absorbierte Wassermenge festzustellen. Da die Raumtemperatur im Laboratorium konstant blieb, war es ausgeschlossen, daß etwaige Wärmeschwankungen die Wasseraufnahme der Bohnen hätten beeinflussen können. Nach einer langen Versuchsreihe in einem Speziallaboratorium fand Dr. Brown, daß von den Bohnen die größte Wassermenge gerade vor Vollmond aufgenommen wurde und am wenigsten um die Zeit des Neumondes.

Wie kann man sich die erstaunliche Wirkung des Mondes auf den Pflanzenwuchs erklären? Dr. Browns Studien zeigen, daß die Wirkung des Mondes die Wettereinflüsse noch übertrifft. Es macht fast den Eindruck, als ob eine mysteriöse kosmische Verbindung zwischen Mondzyklus und Pflanzenwuchs am Werk ist. Wir wollen auf diesen mysteriösen kosmischen Einfluß gleich noch einmal zurückkommen. Vorerst wollen wir untersuchen, auf welche Weise der Mond den Pflanzenwuchs außerhalb des Laboratoriums beeinflußt. An anderer Stelle erwähnten wir schon, daß der Mond die Pflanzen durch den Regen beeinflußt. Obwohl die meisten Meteorologen der althergebrachten Meinung, der Mond hätte etwas mit der Regenhäufigkeit zu tun, nur halbwegs Glauben schenken, hat einigen moderner denkenden Berufskollegen der unverwüstliche alte Volksglauben zu denken gegeben.

Zu dieser Gruppe von Fachleuten gehören Dr. Donald A. Bradley und Max A. Woodbury von der Technologischen Hochschule in New York und ihr Kollege Glenn W. Brier vom Technologischen Institut in Massachusetts. Im Teamwork beschafften sich diese drei Wissenschaftler die Aufzeichnungen von 1544 Wetterstationen aus allen Teilen der Vereinigten Staaten, wo seit 1909 Wetterbeobachtungen durchgeführt wurden. Als nächsten Schritt notierten sie alle Tage, an denen es in diesem langen Zeitraum geregnet hatte und verglichen sie mit der jeweiligen Position des Mondes. Zu ihrer Überraschung konstatierten die Wissenschaftler, daß es mehr Regentage um Voll- oder Neumond gab als zu anderen Mondphasen.

Etwa zur gleichen Zeit, als diese amerikanischen Wetterfrösche die merkwürdige Beziehung zwischen der Umlaufbahn des Mondes und dem Niederschlag in der nördlichen Hemisphäre untersuchten, leiteten zwei australische Meteorologen, Dr. E. E. Adderley und Dr. E. G. Bowen des Radiophysischen Heeresamtes in Sydney ähnliche Arbeiten in ihrer südlichen Hemisphäre. Ganz in Übereinstimmung mit ihren amerikanischen Kollegen kamen die Australier zu dem gleichen Ergebnis, daß es bei Neu- und Vollmond öfters regnet.

Als die Wissenschaftler beider Teams merkten, daß sie sich mit dem gleichen Problem beschäftigten und zu genau denselben Ergebnissen gekommen waren, beschlossen sie, die Resultate ihrer Arbeiten gleichzeitig zu veröffentlichen. 1962 erschienen ihre gut dokumentierten Studien über den Einfluß des Mondes auf den Regen in *›Science‹*, einem der führenden wissenschaftlichen Fachblätter.

Hier gab es jetzt einen unumstößlichen Beweis, daß die Bewegungen des Mondes ihre Rückwirkung auf das Wetter haben. Demnach ist es sinnvoll, die Aussaat von Pflanzen bei Vollmond vorzunehmen, da dann die Wahrscheinlichkeit für Regen am größten ist.

Die Bauern, welche sich beim Pflanzen gewohnheitsmäßig nach dem Mond richten, waren seit jeher vom Einfluß des Mondes auf den Regenfall überzeugt und bedürfen dazu keines wissenschaftlichen Beweises. Die Ernten auf ihren Feldern sind dafür Beweis genug. Dennoch ist es erfreulich, daß eine so alte Überlieferung unter dem prüfenden Auge sachlicher Wissenschaftler bestehen konnte. Aber diejenigen, die sich beim Pflanzen nach dem Mond richten, wissen auch, daß nicht nur sein Einfluß allein verantwortlich für das bessere Wachstum der Pflanzen ist, die bei Vollmond gesät wurden. Wie Dr. Brown aus seinen zahlreichen Laborversuchen erkannt hat, verursacht der Mond auch gewisse Veränderungen in den Pflanzen selbst, die es ihnen ermöglichen, größeren Nutzen zu ziehen aus dem vermehrten Niederschlag in Verbindung mit dieser speziellen Phase des Mondzyklus. Die nächste Frage, die sich Dr. Brown und seine Kollegen stellen müssen, ist, wie es der Mond fertig bringt, diese Rhythmen in der Natur zu koordinieren. Den Landwirt, der von dem günstigen Einfluß des Mondes profitiert, berührt es nicht, auf welche Weise der Mond regenträchtige Wolken hervorbringt, oder warum Saaten durch seine Einwirkung mehr Wasser aufnehmen. Für den Forscher ist es jedoch ein fesselndes Abenteuer, eine Antwort auf diese Fragen zu finden. Den Beweis dafür anzutreten, daß eine solche Beziehung existiert, ist nur ein erster Schritt. Um aber herauszufinden, wie es funktioniert, wird ihm neue wissenschaftliche Perspektiven eröffnen, von denen er vorher keine Ahnung hatte.

8 Fallsucht

Eine der ältesten bekannten Nervenkrankheiten ist die Fallsucht (Epilepsie). Historisch gesehen ist sie auch das mit dem Mond am meisten in Verbindung gebrachte Leiden. Der älteste Hinweis auf die zwischen beiden bestehende Beziehung stammt aus einem alten mesopotamischen Text, in dem ein Mann beschrieben wird, der bewußtlos ist, seinen Hals nach links verrenkt, Hände und Füße verkrampft, die Augen weit aufgerissen und den Mund voller Schaum hat wie einer, dessen Leiden man der ›Hand der Sünde‹ zuschreibt, dem alten Mondgott im Nahen Osten.

Bei den alten Griechen war die Epilepsie bekannt als die ›Heilige Krankheit‹, da nach ihrem Glauben Selene, die Mondgöttin, diejenigen mit ihr bestrafte, die sich gegen die Göttin versündigt hatten. »Man zählt sie zu einer schmachvollen Krankheit«, schreibt Aretaeus (erstes Jahrhundert v. Chr.), »da angenommen werden muß, daß es sich hierbei um eine Heimsuchung handelt, die Personen treffen soll, die sich gegen den Mond versündigt haben.« So hoch verehrt war die Mondgöttin bei den Griechen, daß der Philosoph Anaxagoras (500–428 v. Chr.) in Athen zum Tode verurteilt wurde, weil er den Mond als einen Brocken lebloser Materie abgetan hatte. In Rom war Epilepsie als ›Wahlkrankheit‹ bekannt wegen des Brauches, die Wahlversammlung (Comitia) zu verschieben, falls ein Mitglied dieses Gremiums während einer Sitzung einen Anfall erlitt. Der Grund für diesen Aufschub war die Ansicht, daß es keine gültige Abstimmung geben konnte, wenn ein Mitglied der Legislative infolge eines Anfalls ausfiel. Im Mittelalter sprach man von der ›Dämonischen Krankheit‹, weil man in manchen Kreisen, wozu auch Luther zählte, der Meinung war, daß sie eine vom Teufel auferlegte Strafe sei. Heute ist diese gesellschaftliche Diskriminierung zwar verschwunden, aber etwas vom Mysterium, der Furcht und Unberechenbarkeit ist bis heute bei vielen Menschen noch hängengeblieben.

Obwohl man unter Epilepsie, was ›befallen‹ bedeutet, eine ganz bestimmte Krankheit versteht, gibt es in Wirklichkeit verschiedene Formen dieses Leidens, die sich nach der Schwere des Ausbruchs unterscheiden. ›Der große Anfall‹ *(grand mal)* ist die geläufigste Form der Krankheit; ihm werden etwa die Hälfte aller vorkommenden Fälle zugeordnet. Diese Art epileptischer Krämpfe ist am bekanntesten durch die mit ihr verbundenen heftigen Konvulsionen und das plötzliche Auftreten. Die vom *›grand mal‹* Betroffenen fallen meist unter Muskelkrämpfen zu Boden (daher der Name Fallsucht). Gleichzeitig verdrehen sich ihre Augen, und Mengen von Speichel laufen aus ihrem Mund. Kurz darauf beginnen ihre Muskeln wild zu zucken. Nach einigen Minuten lassen die Konvulsionen nach, und der Unglückliche fängt an, sich zu erholen.

Die anderen Haupttypen von Fallkrämpfen sind ›Der kleine Anfall‹ *(petit mal)*, gekennzeichnet durch einen kurzen, kaum bemerkbaren Anfall, der meistens bei Kindern vorkommt; dann der ›Jackson-Anfall‹, der mit einer vorübergehenden Bewußtseinstrübung gepaart ist; weiter der psychomotorische Ausbruch, wobei unkontrollierte Muskelzuckungen beobachtet werden, so als wolle der Leidende eingebildete Gegenstände ergreifen. Der letzte Typ eines epileptischen Anfalls sind Migräne-Kopfschmerzen, ein beharrlicher Schmerz im Kopf, der, wie auch andere Formen der Epilepsie, periodisch und plötzlich auftritt.

Obwohl die Ursache der Epilepsie noch immer unbekannt ist*, brachte man sie in früheren Zeiten weitgehend mit dem Einfluß des Mondes in Zusammenhang; daher auch die Verknüpfung vieler Heilmittel mit dem Mondzyklus. So glaubten z. B. viele Menschen an die Heilkraft der Mistel gegen Epilepsie, vorausgesetzt, daß man sie ohne ein Eisengerät pflückte. Auch durfte der Mistelzweig weder die Erde berühren noch bei Vollmond gepflückt werden. Ein anderes populäres Mittel war, Korallenwurz, Pfingstrosen und Strychninwurzeln in einen Leinenbeutel zu tun und ihn als Amulett um den Hals zu hängen, um Attacken abzuwehren. Nach Meinung der Ärzte der Antike konnte nur dann eine Wirkung erwartet werden, wenn alle drei Zutaten bei abnehmendem Mond gesammelt waren.

* Heutige Erklärung: Allgemeinreaktion des Gehirns auf chemische oder physikalische Schädigungen. Großer Anfall durch erhöhte Krampfbereitschaft.

Aelian, ein Zoologe des dritten Jahrhunderts, verbreitete diesen Volksglauben. Gleichzeitig warnte er aber seine Leser davor, die Pflanzen vom Boden aufzusammeln. Sie würden sonst für die zu behandelnden Personen statt Heilkraft den Tod bringen. Selbst das Ausreißen der Pfingstrosen mit der Hand sollte vermieden werden. Dazu gibt Aelian einige Ratschläge: einem jungen Hund nichts zu fressen geben, bis er sehr hungrig geworden ist, ihn dann an einer Pfingstrosenstaude festbinden und Futter so weit von ihm entfernt hinlegen, daß er es nicht erreichen kann. Wenn der Hund sich über das Futter hermacht, wird die Pflanze dabei aus dem Boden gerissen und kann jetzt bedenkenlos verwendet werden. In ihrem Buch ›Ursachen und Behandlung der Krankheiten‹ empfiehlt die heilige Hildegard von Bingen (1098–1179) ihren Lesern ein anderes Heilverfahren. Ein Edelstein soll drei Tage lang während des Vollmondes in einem Kübel voll Wasser liegen. Danach ist das Wasser zu erwärmen und aufzubewahren, damit später bei abnehmendem Mond das Essen für den Epileptiker darin aufgeweicht werden kann. Der Grundgedanke schien zu sein, daß die Krankheit mit abnehmendem Mond verschwinden würde. Dieses Heilmittel war jedoch nicht nur für eine einmalige Anwendung gedacht, sondern sollte zehn Monate hintereinander eingenommen werden.

Obwohl Epilepsie lange Zeit hindurch als ›heilig‹ bezeichnet wurde, bemühten sich schon im Altertum die Ärzte um Erklärungen ihres Ursprungs, der Ätiologie, die weniger auf dem Übernatürlichen und mehr auf kausalen Zusammenhängen beruhte. Als Beispiel für diese neue rationalistische Betrachtungsweise geben wir die Meinung des Autors der Abhandlung über *»Die heilige Krankheit«* (The sacred Disease) wieder, ein Werk, das Hippokrates zugeschrieben wird. Demnach wurde das epileptische Leiden vom Gehirn ausgelöst, wenn dieses ungewöhnlich stark befeuchtet und von Schleim überzogen wurde. Einige Jahrhunderte später stoßen wir auf den berühmten römischen Arzt Galenus, welcher ebenfalls der Ansicht war, daß Epilepsie von einer reichlichen und unterkühlten Feuchtigkeit in den Gehirnwindungen herrührte. Antillus, ein Zeitgenosse, pflichtete ihm bei. »Der Mond befeuchtet (den Körper)«, behauptete er. »Und aus diesem Grunde macht er das Gehirn relativ flüssig, verdirbt das Fleisch, läßt die Körper von Menschen, die kalter Luft ausgesetzt sind, feucht und unempfindlich werden. Aus dem gleichen Grund ruft er Schwere im Kopf und Epilepsie hervor.« Auch Oribasius, der Arzt des römischen Kaisers Julian aus dem vierten Jahrhundert n. Chr., schrieb die Wirkung des Mondes auf die Krankheit seinem angeblichen Einfluß durch Feuchtigkeit zu. »Auch dies müssen wir bemerken«, sagt er, »daß die Sonne ihrer Natur gemäß den Körper erhitzt, während der Mond ihn befeuchtet. Folglich befeuchtet der Mond auch das Gehirn, läßt Fleisch faulen, verursacht, daß auch die Körper der Vögel feucht und schwerfällig werden, auch ruft er Epilepsie und Schwindelanfälle hervor.«

Obwohl er nur wenig zum Problem der Epilepsie zu sagen hatte, war der berühmte ägyptische Astronom Ptolemäus der gleichen Meinung über den Einfluß des Mondes auf den Körper. »Die Hauptstärke des Mondes besteht im Befeuchten«, bemerkt er, »offenbar weil er der Erde nahe ist und wegen der Verdunstung, die von ihr ausgeht. Seine Wirkung äußert sich, genaugenommen, im Weichmachen und verursacht weitgehende Zersetzung im Körper; andererseits trägt er in bescheidenem Maße zur Erwärmung bei durch das Licht, das er von der Sonne empfängt.« Folglich »durch sein Wachsen vom Neumond bis zum ersten Viertel zeichnet sich der Mond durch erhöhte Befeuchtung aus, im zweiten Viertel bis zum Vollmond durch Wärme und von dort bis zum letzten Viertel durch Trokkenheit; im letzten Viertel bis zur Verdunkelung (Neumond) wirkt die Kälte«.

Der gleichen Meinung war man noch im siebzehnten Jahrhundert, wie aus medizinischen Schriften dieser Zeit hervorgeht. So wurden z. B. in einer solchen, 1627 von A. Spiegelus herausgegebenen Schrift die Studenten unterwiesen, daß die Epilepsie bei Neumond auftritt, da zu dieser Zeit das Gehirn austrocknet und die Körpersäfte nicht in der Lage sind, sich mit der Feuchtigkeit zu vermengen. Als Folge davon sei das Gehirn bis zum Zerreißen gespannt, eine Vorbedingung für das Ausbrechen von epileptischen Anfällen. Der große deutsche Astronom Johannes Kepler (1571–1630) schrieb in diesem Zusammenhang, daß nach seiner langjährigen Erfahrung die Körpersäfte mit den Bewegungen des Mondes zu- und abnehmen.

Die Überzeugung, daß der Mond seinen Einfluß auf das Ausbrechen epileptischer Anfälle geltend mache, hielt sich bis zum Mittelalter und wurde bis zum Beginn des achtzehnten Jahrhunderts nicht bestritten, trotz der aufgetretenen Zweifel an den Auslegungen über die Ursache und die daraus resultierende Behandlungsweise, um dieser Krankheit Herr zu werden. Auf der einen Seite gab es diejenigen, welche sich an die dämonische Theorie klammerten und dem Übel mit Zauberei zu Leibe gehen wollten, wie z. B. mit schützenden Amuletten. Auf der anderen Seite standen die sogenannten Rationalisten, die den Einfluß des Mondes auf die Krankheit zwar akzeptierten, aber hinter den sichtbaren Auswirkungen nach den ›natürlichen‹ Ursachen forschten. Solange nicht Zauberei und Religion bei der Behandlung eine Rolle spielten, hielt die letztgenannte Gruppe von Ärzten ihre Behandlung für objektiv und frei von jeglichem Aberglauben. So stoßen wir im zwölften Jahrhundert auf Heilkundige wie Arnold von Villanova, der erklärte, daß Epilepsie zweifellos unter dem Einfluß des Mondes stehe und daher mit tierischen Organen, Edelsteinen und anderen damals gängigen Heilmitteln behandelt werden müßte; nicht wegen etwaiger übernatürlicher Kräfte dieser Mittel, sondern wegen ihrer natürlichen, wenn auch unbekannten Wirkung. Der gleichen Meinung war der jüdische Arzt und Philosoph Maimonides (1135–1204). In seiner Schrift ›Leitfaden für Verwirrte‹ *(Guide for the Perplexed)* bekannte sich Maimonides offen zur Anwendung von wundertätigen Mitteln gegen Epilepsie, wie z. B. zum Pflücken von Pfingstrosen während gewisser Mondphasen. Allerdings wies er auch darauf hin, daß nicht die Wunderkraft das Wichtigste am Rezept sei, sondern daß man ihm Heilwirkung nachsage. »Denn was sich durch Erfahrung als gut erwiesen hat, obwohl es dafür keine Erklärung gibt«, folgerte er, »sollte gebraucht werden, da es wie eine Medizin wirkt.«

Viele dieser ›natürlichen‹ Behandlungsweisen empfahl man vermutlich aus der Erkenntnis, daß Dinge, welche ebenfalls vom Mond beeinflußt wurden oder Ähnlichkeit mit den Symptomen der Krankheit aufwiesen, geheimwirkende Heilkraft haben könnten. So verordnete z. B. Pierre Borrel im siebzehnten Jahrhundert gestoßenen Seifenkrautsamen wegen seiner günstigen Heilwirkung, der drei Monate lang bei Neumond eingenommen werden sollte. Der Grund für diese Empfehlung war, daß beim Reiben im Wasser sich ein seifenähnlicher Schaum bildete, der so aussah wie der schaumige Speichel eines Epileptikers. Weil es das Krankheitsbild nachahmen konnte, glaubte Borrel an die Heilkraft des Seifenkrautes. Aus ähnlichen Erwägungen wurde Silber für die Behandlung von Epilepsie angewandt. Da Mond und Silber das gleiche blaßsilbrige Aussehen haben, nahm man an, daß dieses Metall zum Einflußbereich des Mondes gehörte und sich daher als Mittel gegen eine Krankheit eignete, die ebenfalls unter dem Einfluß des Mondes stand. Demgemäß wurde vielen Epileptikern von ihrem Arzt angeraten, Silberblättchen zu schlucken. Vom siebzehnten bis zum neunzehnten Jahrhundert wurden diese Blättchen durch Höllenstein ersetzt, vornehmlich in England, wo er von vielen prominenten Ärzten der Epoche freigebig angewandt wurde.

Im Gegensatz zu der in medizinischen Kreisen herrschenden Auffassung stützte sich die Wunderheilkunde auf Beschwörungen, um die Krankheit aus dem gepeinigten Körper zu vertreiben. Eine dieser häufig benutzten Zauberformeln lautete: »Nimm den kranken Mann bei der Hand und flüstere ihm diese Worte sanft ins Ohr: ›Ich beschwöre dich im Namen der Sonne und des Mondes und des Evangeliums, des von Gott gegebenen heutigen Tages ... daß du auferstehen und nicht mehr fallen mögest.‹« Wenn dieses Zauberwort nicht half, so richtete es auch keinen Schaden an. Gleiches kann leider nicht von denen gesagt werden, die mit der einmal akzeptierten Kur behandelt wurden.

Dr. Richard Mead vermerkte im achtzehnten Jahrhundert, daß er in der Zeit, als er als britischer Chirurg an einem der zahlreichen englisch-französischen Kriege teilnahm, eine Reihe junger Marineoffiziere wegen Epilepsie zu behandeln hatte, und daß er fest vom Einfluß des Mondes auf diese Krankheit überzeugt war. »Die Kraft wurde so stark empfunden«, schrieb er, »daß es nicht schwer war, das Auftreten eines Anfalls bei Neu- oder Vollmond vorauszusagen.« Mead gab sich nicht mit dem Aufschreiben solcher Vorkommnisse zufrieden; er versuchte auch, Näheres über das Phänomen zu erfahren. Beim Schreiben standen Isaac Newtons ›Prinzipien‹ *(Principia)* an erster Stelle seiner Überlegungen. Dieses Werk war 1687 erschienen. Darin wurde zum erstenmal die Schwerkraft vernunftmäßig erläutert und dabei u. a. der Einfluß des Mondes auf die Gezeiten erklärt. Die gleichen Grundsätze, die für Newton maßgebend waren, um diese Phänomena zu erklären, waren auch für den Einfluß des Mondes auf die Epilepsie anwendbar, so urteilte Mead.

Im Laufe der Zeit sammelten die Ärzte immer mehr Erfahrungen im Behandeln von Krankheiten. Viele Doktoren ließen sich davon überzeugen, daß der Mond den menschlichen Geist auf irgendeine mysteriöse Weise beeinflußte, und daß bei Menschen, die unter Epilepsie litten, der Mond der Auslöser ihrer Anfälle war. 1835 erzählte Dr. J. Hunter seinen Studenten während einer Vorlesung, daß »der Mond sicherlich eine erhebliche Wirkung auf den menschlichen Körper ausübt. Wie wir sehen, ist er oft der direkte Anlaß für negative Handlungen, besonders geistiger Art«. Hunter riet seinen Studenten, beim Behandeln von Patienten besonders auf den Mond zu achten, wegen seiner Einflußnahme auf Körper und Geist.

Einige Jahre später publizierte Dr. M. H. Romberg, einer der bedeutendsten Ärzte des neunzehnten Jahrhunderts, ein vielgelesenes Lehrbuch, betitelt ›Leitfaden für Nervenkrankheiten des Menschen‹ *(Manual of the Nervous Desease of Man)*. Dr. Romberg schrieb darin, »daß der planetarische Einfluß des Mondes (vor allem des Neu- und Vollmondes) auf den Verlauf der Epilepsie bereits im Altertum bekannt war; und obwohl diese Ansicht hier und da angezweifelt worden war, haben sorgfältige Beobachtungen inzwischen ihre Richtigkeit bestätigt«.

Das weltweite hohe Ansehen von Dr. Romberg bewirkte, daß andere Mediziner ernsthaft über die Rolle des Mondes bei epileptischen Anfällen nachdachten. Bald darauf berichteten diese Ärzte über ihre eigenen Erfahrungen bezüglich der Wirkung des Mondes auf Epileptiker.

So berichtete z. B. 1898 der dänische Gelehrte Arrhenius über 9000 von ihm untersuchte epileptische Anfälle, wobei ein bedeutender Anteil mit bestimmten Phasen des Mondes zusammenfiel. Jahre später lieferte ein deutscher Arzt, Dr. Hellpach, Beweise für die Wirkung des Mondes auf Epileptiker.

Ein amerikanischer Arzt, Dr. D. W. F. Petersen, veröffentlichte 1947 Aufzeichnungen über eine Anzahl epileptischer Patienten und deren Anfälle aus dem Jahre 1930. Nach Dr. Petersens Worten ließen diese Daten deutlich einen ›merkwürdigen Mondrhythmus‹ dieser Krankheit erkennen. Dieser ›merkwürdige Mondrhythmus‹ wurde ebenfalls von einem Dr. M. Berg des Kankakee-Staatshospitals von Wisconsin bestätigt, wonach eine Überprüfung seiner Unterlagen ebenfalls deutlich zeigte, daß epileptische Attacken am häufigsten zur Vollmondzeit auftraten.

Obwohl die meisten Menschen, die unter Migräne-Kopfschmerzen leiden, sich dessen nicht bewußt sind, handelt es sich bei Migräne gewöhnlich um eine schwache Form eines epileptischen Anfalls. Zum Unterschied von den meisten epileptischen Attacken kommt es nicht zu einem richtigen Anfall; nichtsdestoweniger gilt die Migräne immer noch als eine Form von epileptischer Störung. Und wie bei der Mehrzahl von epileptischen Krämpfen scheinen die quälenden Kopfschmerzen bei Migräne vom Mond beeinflußt zu werden.

Eines der am besten dokumentierten Beispiele für Migräne-Kopfschmerzen, die jemals beschrieben wurden, kann man in der Autobiographie des schwedischen Chemikers J. J. Berzelius nachlesen. Er war einer der Pioniere der modernen Wissenschaft und einer, der sich nicht so leicht zu falschen Schlußfolgerungen hinreißen ließ. Wenn er zu der Ansicht kam, daß es einen Zusammenhang zwischen zwei Vorkommnissen geben mußte, dann geschah dies nur, nachdem er die Wechselbeziehung dieser Vorfälle während längerer Zeit studiert hatte. Wegen ihrer Gründlichkeit lohnt es sich, seine Beobachtungen wiederzugeben.

Berzelius wurde selbst von periodischen Migränezuständen gequält, und in seiner Autobiographie schreibt er sein Leiden dem Einfluß des Mondes zu. »Seit meinem dreiundzwanzigsten Lebensjahr«, berichtete er, »folterten mich periodisch auftretende Kopfschmerzen, gewöhnlich Migräne genannt. Zunächst trat dies in längeren Zeitabständen auf, doch bald darauf zweimal monatlich und mit großer Regelmäßigkeit genau an den Tagen von Neu- und Vollmond.«

Obwohl man noch nicht genau weiß, wodurch der Mond diese Attacken auslöst, gibt es genügend Hinweise aus anderen Bereichen der Wissenschaft, die vermuten lassen, daß die Veränderungen des elektrischen Potentials in Verbindung mit dem Voll- und Neumond diese Kopfschmerzen herbeiführen. Wir haben bereits auf diese Veränderungen des elektrischen Potentials in den Körpern von Pflanzen, Tieren und Menschen hingewiesen im Zusammenhang mit dem Pflanzenwuchs und der Menstruation, und möglicherweise ist dieselbe Wirkung auch für den vorliegenden Fall zutreffend.

Man hat z. B. entdeckt, daß während des Schlafes, vorwiegend in den ersten Stunden, die Wahrscheinlichkeit des Auftretens von elektrischer Gehirnaktivität, charakteristisch für epileptische Anfälle, um hundert Prozent ansteigt. Wenn in solchen Momenten der Epileptiker plötzlich aufgeschreckt wird, z. B. durch ein scharfes Geräusch, setzt gewöhnlich ein Anfall ein. Man nimmt an, daß dies zusätzliche Ansteigen der vorher schon übergroßen elektrischen Aktivität des Gehirns Anlaß ist, die gesamte Gehirnaktivität über jene Schwelle zu heben, die einen Anfall auslöst. In diesem Fall wird die Attacke also durch ein zusätzliches Geräusch-Stimulans verursacht.

Auch der Anblick von Lichtblitzen kann bei einem Epileptiker einen Anfall auslösen. In früheren Zeiten machten sich Sklavenhändler dieses Wissen zunutze und testeten ihre Kaufobjekte auf Epilepsie, indem man ihren Blick auf die Lichtreflexe einer rotierenden Töpferscheibe lenkte. Diejenigen unter den Sklaven, die an Epilepsie litten, bekamen beim Anblick des Aufblitzens oft einen Anfall. Dadurch wurde der Kaufpreis für sie gedrückt.

Hierin liegt auch ein Grund, warum Epileptiker einen Anfall kriegen, wenn sie auf einer Straße gehen, wo Bäume an den Seiten dicht hintereinanderstehen. Bei solchen Straßen erzielt die Sonne eine Art Blitzlichteffekt, wenn man von einem Baum zum nächsten geht, und das Aufblitzen löst dann den Anfall aus. Man hat bei kleinen Kindern die Beobachtung gemacht, daß sie bei sich selbst einen Anfall verursachen, wenn sie die Hände mit gespreizten Fingern vor ihre Augen legen und hin und her bewegen, während sie in die Sonne blicken.

Da man die großen elektrischen Veränderungen kennt, die im Gehirn einem epileptischen Anfall vorausgehen, und da solche Veränderungen durch Lichtreiz hervorgerufen werden können, ist es möglich, daß durch solche Überreizung des Gehirns die Schwelle zu einem Anfall überschritten wird.

Aus dem gleichen Grund könnte es sein, daß der Mond durch Erhöhung der allgemeinen elektrischen Spannung im Gehirn ebenfalls eine epileptische Attacke auslösen kann. Diese gesteigerte elektrische Aktivität, zusammen mit dem Erscheinen des Vollmondes, könnte der Grund für die periodischen Anfälle sein, von denen diese unglücklichen Menschen, die unter der ›heiligen Krankheit‹ zu leiden haben, immer wieder heimgesucht werden.

9 Mond und Wahnsinn

»Unschuldig wegen Geisteskrankheit«, so lautet mancher Urteilsspruch in Fällen, in denen angenommen werden muß, daß der Angeklagte ein oft schreckliches Verbrechen in geistiger Umnachtung begangen hat.

Der Ursprung dieses Begriffes aus der Rechtswissenschaft geht bis ins achtzehnte Jahrhundert zurück, als der berühmte englische Jurist Sir William Blackstone den ›Geistesgestörten‹ oder *›non compos mentis‹* (seiner Sinne nicht mächtig) folgendermaßen definierte: »Jemand, der Vernunft gehabt, aber durch Krankheit oder anderes Mißgeschick den Verstand verloren hat. Ein Geistesgestörter hat durchaus lichte Augenblicke – mal benimmt er sich normal, mal auch nicht, was häufig auf die Veränderungen des Mondes zurückzuführen ist.«

Mit anderen Worten: Vor dem Gesetz werden solche als geistesgestört angesehen, die nicht fähig waren, zwischen Recht und Unrecht zu unterscheiden, als Folge des Einflusses, den der Mond auf ihren Verstand ausgeübt hatte.

Ein anderer berühmter englischer Jurist, Sir Matthew Hale, beschäftigte sich eingehend mit dem Problem, um für die Gerichte mit seinen Erörterungen Klarheit über die Rechtsgrundlage zu schaffen, wenn die Verteidigung sich auf Geisteskrankheit oder Geistesgestörtheit berief. »Wahnsinnsanfälle«, mit diesem Ausdruck umschrieb er den Zustand mancher Menschen, die periodisch einen geistigen Zusammenbruch erleiden, »sind, was man im allgemeinen als Geistesgestört bezeichnet.« Dann fuhr er fort, zu erklären, daß »der Mond großen Einfluß auf alle Krankheiten des Gehirns hat, speziell in diesem Fall von Wahnsinnsanfällen; solche Personen erleben im allgemeinen bei Voll- und Neumond, während der Tag- und Nachtgleiche sowie bei der Sommersonnenwende den Höhepunkt ihrer Krankheit«.

Demnach waren nach Ansicht dieser hervorragenden Juristen Geistesgestörte solche Personen, die ihre lichten Augenblicke haben und genau wissen, was sie tun, und daher für ihre

Taten voll verantwortlich sind. Andererseits neigen sie zu periodischen Trübungen ihres Verstandes unter dem Einfluß des Mondes, verlieren ihre Selbstbeherrschung und können unter diesen Bedingungen für ihre Handlungsweise nicht länger verantwortlich gemacht werden. Im Gegensatz zum Geistesgestörten fehlt dem wirklich Geisteskranken dauernd alle Selbstbeherrschung, und er kann daher zu keinem Zeitpunkt für seine Handlungen verantwortlich gemacht werden.

Da Menschenleben oftmals von der Entscheidung abhingen, ob lichte Augenblicke vorlagen oder nicht, war es Aufgabe des Gerichts, zu entscheiden, was sie unter einem ›lichten Augenblick‹ verstanden und was nicht.

In einem Plädoyer vor dem Parlament in Paris kam der bekannte französische Jurist M. D'Aguessa zu folgendem Schluß, daß »die physische Voraussetzung für einen lichten Augenblick nicht nur der Zustand äußerer Gelassenheit ist, sondern tatsächliches Ausgeruhtsein; auch genügt weder ein Verstandesblitz, der bei seinem Verschwinden die Abwesenheit von Vernunft noch eher deutlicher werden läßt, noch ein Aufleuchten in der Dunkelheit, das diese nur noch finsterer erscheinen läßt, keine Dämmerung, die Tag und Nacht verbindet, sondern es bedarf strahlender Helligkeit, eines lebendigen anhaltenden Glanzes, eines vollen und ausgefüllten Tages zwischen zwei turbulenten Nächten; und, um einen anderen Vergleich heranzuziehen, es ist nicht die trügerische Stille, die dem Sturm folgt oder ihn ankündigt, sondern eine Periode unerschütterlicher Gemütsruhe, eine heitere Gelassenheit. Kurz und gut, ohne weitere Zuhilfenahme von Vergleichen zur Verdeutlichung unserer Meinung, es kann sich nicht um eine Minderung oder um ein Nachlassen einer Beschwerde handeln, sondern es muß eine Art zeitweilige Heilung, eine klar markierte Unterbrechung sein, die in jeder Hinsicht einer völligen Genesung ähnelt.«

Obwohl er es nicht ausdrücklich erwähnte, ein wichtiger Punkt für die Entscheidung, ob der Angeklagte ›lichte Augenblicke‹ hatte oder nicht, war, ob sein Geisteszustand bei Vollmond wechselte oder nicht. Falls er seine Tat bei Vollmond begangen hatte, konnte dieser Umstand als Beweismittel dienen, daß er die Kontrolle über sich selbst verloren hatte, denn nach Blackstone und Hale treten Anfälle von Geistesgestörtheit merklich zu gewissen Mondphasen auf.

Obwohl die Gerichtshöfe heute von Geisteskrankheit anstatt von Geistesgestörtheit sprechen, beruft man sich in manchen Urteilen auf den Mond als Faktor, der das Verhalten des Angeklagten beeinflußt haben könnte. Diese Fälle sollen im nächsten Kapitel zur Sprache kommen.

Wenn auch der Einfluß des Mondes auf die Geistesverfassung erst unlängst offizielle Anerkennung fand, der Gedanke daran hat schon seit jeher bei den Menschen Eingang gefunden.

Schon im fünften Jahrhundert v. Chr. können wir bei dem Autor einer griechischen medizinischen Abhandlung über die ›heilige Krankheit‹ nachlesen: »Wenn jemand nachts von Entsetzen, Furcht und Irrsinn ergriffen wird, vom Bett aufspringt und zur Tür hinausrennt, sagt man ihm nach, daß er vom Mond heimgesucht wurde.« Viele Jahrhunderte später schrieben Dichter wie John Milton über »dämonische Raserei, griesgrämige Melancholie und mondsüchtige Verrücktheit«, selbst Schriftsteller wie Shakespeare erklärten den Mord als »schweren Irrtum des Mondes, da er sich der Erde mehr als wünschenswert nähert und die Menschen verrückt macht«.

In der französischen Bretagne glaubten die Bauern, daß ihre Frauen mondförmig würden, wenn sie den Unterleib dem Mondlicht bloßstellten, vor allem im ersten und letzten Viertel, und sie bekämen ein geistesgestörtes Kind. Aus ähnlichen Vorstellungen vermieden es in Deutschland die Frauen, sich in Mondscheinnächten draußen aufzuhalten.

Der universelle Glaube an den Einfluß des Mondes auf den Verstand offenbart sich bei einem flüchtigen Überblick auf die Sprachen verschiedener Nationen in aller Welt. Dafür einige Beispiele: Die lateinischen Wörter *lunatis* und *luniatico,* die französischen Ausdrücke *avoir des lunes* und *lunatique* und das deutsche Wort *mondsüchtig,* sie alle beziehen sich auf jemanden, der durch den Einfluß des Mondes geisteskrank ist.

In den ersten christlichen Jahrhunderten waren die Kirchenväter im Römischen Reich verärgert, daß die Menschen im täglichen Leben dem Mond soviel Aufmerksamkeit schenkten. Die Kirche sah in dem Wert, den das einfache Volk dem Mond beizumessen schien, eine Gefahr für ihre Lehre, wonach es nur einen Gott gab. Das Volk schrieb dem Mond göttliche Kräfte zu, und das mußte unterbunden werden. Doch obschon die Kirchenväter selbst den Mond nicht als göttlich ansahen, erkannten sie den Einfluß des Mondes auf den menschlichen Geist an. Der heilige Hieronymus (5. Jahrhundert) versuchte, die Menschen glauben zu machen, daß »Geistesgestörte in Wirklichkeit nicht vom Mond gezeichnet sind, sie werden nur dafür gehalten durch hinterlistige Dämonen, die, wenn man so will, durch Beobachtung der Mondphasen der menschlichen Kreatur Böses anhaben wollen, auf daß sie sich zur Gotteslästerung herabwürdige«. Oder anders ausgedrückt, Hieronymus wollte die Menschen glauben lassen, daß der Mond von Dämonen beherrscht wurde, die mit dem Teufel im Bunde standen, und daß gerade sie es waren, die den Mond veranlaßten, den Menschen den Verstand zu rauben. Der Mond war nichts weiter als ein Werkzeug bei ihren bösen Absichten.

Die Erklärungen von Hieronymus scheinen auf taube Ohren gestoßen zu sein, denn im zwölften Jahrhundert sah sich ein gewisser Giraldus aus Wales genötigt, den offiziellen Standpunkt der Kirche zu wiederholen, daß der Mond selbst machtlos war, und wenn er irgendwie auf den menschlichen Geist einwirkte, der Teufel dahintersteckte, der den Mond zur Verwirklichung seiner eigenen Absichten mißbrauchte.

Einige Jahrhunderte danach hatte der Autor des Buches *Malleus Malleficarum* (welches von den Übeln der Zauberei und Prüfungen handelt, wie Hexen entlarvt werden können) das Gefühl, daß das gemeine Volk mehr dem heidnischen Glauben zugetan war, daß der Mond unmittelbar Geistesgestörtheit auslöste, anstatt durch die Macht des Teufels, und daß es für die Kirche Zeit sei, einen festeren Standpunkt einzunehmen. Diejenigen, welche an diesen Vorstellungen festhielten, wurden gewarnt, daß ihre Seelen in Gefahr waren, verdammt zu werden. »Es gibt zwei Gründe, warum die Teufel die Menschen zu bestimmten Mondphasen belästigen«, erklärte der Schreiber. »Erstens, daß sie eine Schöpfung Gottes in Verruf bringen, u. zw. den Mond ... zweitens, weil sie, wie schon oben gesagt wurde, nicht mittels natürlicher Kräfte handeln können ... gewisse Geistesgestörte werden von Teufeln belästigt, die sich nur so verhalten, weil sie ihrerseits tief unter dem Einfluß der Mondphasen stehen. Dies wird noch durch die Tatsache unterstrichen, daß Geisterbeschwörer ganz bestimmte Konstellationen in acht nehmen zum Anrufen von Teufeln, was sie nicht tun würden, wenn sie nicht wüßten, daß diese Teufel den Gestirnen untertan sind.« Durch solche weitschweifigen Auslegungen erhoffte sich die Kirche ein Zurückgehen des Glaubens an die Wunderkraft des Mondes.

Die Kirche ist immer ziemlich glücklos geblieben bei ihren Bemühungen, die Menschheit davon zu überzeugen, daß der Teufel für die Aktionen des Mondes verantwortlich war. Während die Mehrzahl der Menschen nur wissen wollte, was der Mond dem menschlichen Geist antat, begannen einige wenige sich zu fragen, auf welche Weise er es bewerkstelligte. Einer von denen, die nach einer Antwort auf das Geheimnis suchten, das hinter der kosmischen Verbindung zwischen Mond und menschlichem Gehirn verborgen lag, war der Schweizer Mediziner Theophrastus von Hohenheim aus dem sechzehnten Jahrhundert, unter dem Namen Paracelsus bekannt.

Paracelsus war ein äußerst vielseitiger Wissenschaftler. Sein wißbegieriger Geist von universellen Proportionen war stets auf der Suche nach dem Grund, warum die Dinge einer Gesetzmäßigkeit folgten, als Arzt war er verständlicherweise in erster Linie an den Funktionen des menschlichen Körpers interessiert sowie an den Mitteln, ihn von Krankheiten zu befreien.

Als Paracelsus anfing, Geisteskrankheiten zu studieren, sah er sich nicht mit einer, sondern gleich mit fünf Arten von Menschen konfrontiert, die man vom medizinischen Standpunkt aus als geisteskrank betrachtete. Es waren die *Insani,* die *Vesani,* die *Melancholici,* die *Obessi* und die *Lunatici.*

Die *Insani* waren Erbkranke, die als Irre geboren waren und die Krankheit von ihren Eltern geerbt hatten. Die *Vesani* waren an ihrer Verrücktheit selbst schuld als Folge von schlechten Angewohnheiten wie Freßsucht, Essen von verdorbenen Nahrungsmitteln und Alkoholmißbrauch. *Melancholici* waren solche, die aufgrund ihrer charakterlichen Veranlagung oder Persönlichkeit für den Irrsinn prädisponiert waren. Bei den *Obessi* handelte es sich um jene, die »vom Teufel besessen waren«. Schließlich gab es noch die *Lunatici,* »jene, deren Leiden vom Mond kommt«, und die entsprechend reagieren.

Nach Meinung von Paracelsus war die Geistesverwirrung der *Lunatici* eine Folgeerscheinung von der Fähigkeit des Mondes, »dem Menschen den Verstand zu rauben durch Entzug von Körpersäften und Gehirnkräften«. Diesen Auszehrungsprozeß verglich er mit der Eigenschaft des Magneten, Eisen anzuziehen. »Diese Anziehungskraft«, sagte er, »ist am stärksten während des Vollmondes, und durch ihre starke Wirkung haben die Geistesgestörten am meisten darunter zu leiden.« Und wegen des wachsenden und schwindenden Aussehens des Mondes, bemerkte Paracelsus, würde die Anziehungskraft ebenfalls zu- und abnehmen, was wichtige Konsequenzen für die Symptomatologie (Lehre der Krankheitserscheinungen) haben dürfte. Bei Neumond würde dem Gehirn Saft entzogen, doch sei dies nicht derselbe Saft, der bei Vollmond entzogen würde. Der Vollmond, welcher einen »rauhen und harten« Eindruck macht, wirkt durch seine Anziehung und saugt dabei den »rauhen und harten« Körpersaft ab; der Neumond zum Vergleich »entzieht nur den feinen Saft«.

»Solange der Mond die Anziehungskraft ausübt und noch Säfte vorhanden sind, wird er sie herausziehen«, behauptete Paracelsus. »Dies ist die Hauptursache des Saftentzuges, der sich gegen Ende der (Mond-)Periode noch steigert. Das erklärt auch, warum gerade dieser Zeitpunkt für jene am unerträglichsten ist, die ihrer Veranlagung nach am Beginn ihrer kranken Tage stehen.«

Um die Wirkung des Mondes auf Geistesgestörtheit zu ergründen, stellten im Mittelalter einige Ärzte Vermutungen an, ob nicht der Mond die Feuchtigkeit im Gehirn vermehre auf die gleiche Weise, wie er den Tau entstehen ließ, und daß diese erhöhte Feuchtigkeit vielleicht die Wurzel des Übels vom Irrsinn sein könnte. Paracelsus war einer der führenden Befürworter dieser Ansicht. »Der *spiritus vitae cerebri* einer geisteskranken Person könnte vom Mond in gleicher Weise angezogen werden wie die Kompaßnadel vom magnetischen Pol«, behauptete er, »und daher wird es so einer Person, besonders um den Neumond herum, wenn die Anziehungskraft am größten ist, schlechter gehen, und sie wird anfangen, irre zu reden; ebenso, ist der *spiritus sensitivus* eines Menschen schwach und bietet keinen Widerstand, könnte er vom Mond angezogen und von seinem schlechten Einfluß vergiftet werden.« Der Einfluß des Mondes ist kalt; und Geisteskranke wurden ›lunatics‹ genannt, weil sie häufig unter die Herrschaft des Mondes gerieten, dessen Einfluß auf das Gehirn wirkt, die sexuellen Leidenschaften anstachelt und schädliche Träume sowie Halluzinationen verursacht.

Nachdem er die Ursachen der Geistesgestörtheit dargelegt hatte, schlug Paracelsus jetzt eine Kur vor. Da der Mond sich wie ein Magnet verhält, und da man die Anziehungskraft des Magneten auf Eisen und Stahl durch Auflegen von Substanzen, wie z. B. Öl oder Quecksilber, neutralisieren kann, müßte ein Weg gefunden werden, die an Geistesgestörtheit Leidenden mit Medikamenten zu behandeln, die es dem Mond unmöglich machen würden, die Gehirnsäfte abzusaugen.

Paracelsus war einer der ersten Gelehrten, die sich ernsthaft mit der Frage der Einwirkung des Mondes auf den menschlichen Geist befaßten. Obwohl seine Ideen recht fantasiereich waren, so erweckte er doch bei anderen Wissenschaftlern Interesse für die mysteriöse Brücke zwischen dem Mond und menschlicher Verhaltensweise. Es dauerte auch nicht lange, bis sich auch andere Gelehrte mit dem Phänomen befaßten und darüber mit ihren Kollegen diskutierten.

Einer dieser Kollegen, welcher Interesse für das Phänomen zeigte, war der berühmte Physiker und Chemiker Robert Boyle (1627–1691), der Begründer der Royal Society of England. Boyle war, was man heute einen ›starrköpfigen‹ Wissenschaftler nennen würde. Er hielt nichts von halben Sachen, bei allem, was er anpackte. Er dachte eingehend über alles nach, womit er sich beschäftigte, und als er anfing, sich für den Einfluß des Mondes auf den menschlichen Geist zu interessieren, tat er es mit dem Vorgefühl, daß ein solcher Einfluß tatsächlich existiere. Für Boyle gab es noch das Problem, eine geeignete Methode für das Studium des Phänomens zu finden. Zu seinem Glück oder Unglück, wie man es nimmt, hatte Boyle einen Freund, »eine intelligente Person . . . die bei einem schweren Unfall einen Schädelbruch erlitten hatte, was die Entfernung einiger größerer Knochensplitter aus dem Schädel notwendig machte«. Dieser Freund wurde sozusagen Boyles Versuchskaninchen, denn Boyle machte sorgfältige Aufzeichnungen von den Beobachtungen der Chirurgen, die seinen Freund behandelten, und notierte auch die Gefühle, die sein Freund empfand.

Boyle bemerkte, daß sein Freund über heftige stechende Schmerzen an den Wundstellen des Kopfes klagte, wenn Vollmond war. Zu solchen Zeiten waren die Schmerzen unerträglich, und er konnte nicht schlafen. Als der Vollmond vorüber war, verschwanden die Schmerzen, und er konnte wieder gut einschlafen. Sogar die Chirurgen waren erstaunt, das bestätigt zu sehen, was sie behaupteten: Es gab eine wirkliche Ausdehnung der Gehirnzellen bei Vollmond.

Es handelt sich hier nicht um den Bericht eines Einzelfalls von einer Veränderung der Gehirnzellen bei Vollmond. 1627 publizierte Dr. Adrian Spiegelus ein Werk über Anatomie, worin er erwähnte, daß das Gehirn bei Vollmond anschwoll. Ob er selbst ein solches Anschwellen beobachtet hat, ist nicht überliefert; aber in Anbetracht dieser Veränderung im Gehirn riet er seinen Kollegen dringend an, daß sie bei ihren Operationen der Phase des Mondes Rechnung tragen sollten. Da das Gehirn bei Vollmond zuzunehmen schien, gab er seinen Kollegen den Rat, ihre Eingriffe zu dieser Zeit vorzunehmen, da das Gehirn dann näher an der Schädeldecke läge und daher leichter operiert werden könnte.

Man war nun auch in medizinischen Keisen voll und ganz davon überzeugt, daß der Mond bei Geisteskrankheiten mit im Spiel war, doch war es niemandem eingefallen, ernsthaft nach den Ursachen dieses Einflusses zu forschen. Dennoch wimmelte es in den Lehrbüchern für zukünftige Doktoren von Ratschlägen für die Behandlung von Patienten mit Geisteskrankheiten.

»Verrückte Menschen sind bei bestimmten Perioden des Mondes mehr betroffen als zu anderen Zeiten«, schrieb der englische Arzt Dr. Hunter im Jahre 1835. »Der Vollmond wirkt am stärksten«, behauptete er, »denn er greift nicht nur Menschen an, die hierfür eine Veranlagung haben, sondern auch diejenigen, die durch äußeren Einfluß eine Gehirnverletzung erlitten haben.«

In Frankreich verfaßte Dr. D. M. Daquin eine berühmte Abhandlung aufgrund seiner Tätigkeit an der Nervenklinik in Chambery, in welcher er kategorisch feststellte, daß »Irrsinn eine Geisteskrankheit ist, auf die der Mond einen unbestreitbaren Einfluß ausübt. Diejenigen, welche sich noch gegen eine Behandlung sträuben, und auch die, welche bereits geheilt wurden«, schrieb er, »standen während ihrer Krankheit am meisten unter dem Einfluß der zwei mächtigsten Mondphasen.«

»Die echt Wahnsinnigen«, fuhr er fort, »sind dem Einfluß der Mondphasen am stärksten ausgeliefert. Ich habe ebenfalls einen Unterschied festgestellt zwischen dem Einfluß dieses Planeten auf Fälle von Wahnsinn, charakterisiert durch übertriebene Freudensausbrüche einerseits und durch Niedergeschlagenheit und Melancholie andrerseits.«

Im Jahre 1812 publizierte der berühmte amerikanische Arzt Dr. Benjamin Rush seine eigenen Ansichten über die Beziehung zwischen Mond und seelischen Krankheiten in einer Abhandlung, betitelt ›Medizinische Untersuchungen und Beobachtungen über Geisteskrankheiten‹ (*›Medical Inquiries and Observations upon the Diseases of the Mind‹*), ein Buch, das die Ausübung der Psychiatrie in den Vereinigten Staaten während der nächsten fünfzig Jahre beeinflussen sollte. Dr. Rush gingen erstklassige Empfehlungen voraus. Außer einer gründlichen medizinischen Ausbildung, sowohl in den Vereinigten Staaten als auch in Europa, war er einer der Unterzeichner der Unabhängigkeitserklärung, Heereschefarzt von Connecticut und Direktor der Münzanstalt von Philadelphia, damals eine der führenden medizinischen Hochschulen des Landes. Seine Ansichten auf medizinischem Gebiet fanden bei seinen Kollegen und Studenten größtes Interesse und Beachtung.

Was nun die Problematik und Kontroverse über den Einfluß des Mondes betraf, schrieb Dr. Rush: »Nach meiner Meinung können beide Seiten mit gleich viel triftigen Argumenten für ihre Ansicht aufwarten. Um diese miteinander in Einklang zu bringen, wäre zunächst eine Feststellung angebracht, daß bei bestimmten Krankheiten und im Falle gewisser Schwächezustände des Nervensystems der Körper eine Art sechsten Sinn entwickelt, d. h. die Fähigkeit, Wärme und Kälte, Feuchtigkeit und Trockenheit, Luftdruckschwankungen, Licht und Dunkelheit wahrzunehmen, wofür er im gesunden Zustand unempfindlich ist. Der Vollmond verdünnt die Luft und erhöht die Lichtmenge, und beide haben nach meiner Meinung ihre Auswirkung auf Menschen, die unter verschiedenen Krankheiten leiden, zu denen auch der Irrsinn zählt. Stets muß eine gewisse Anfälligkeit für die Wirkungen solch winziger Kräfte vorliegen. So kann man aus der Steigerung der Erregbarkeit beim Manischen, bis zu dessen Wutanfall und dem Ausbleiben jeder Reaktion beim chronisch Kranken, leicht den Schluß ziehen, daß die Nervensysteme in beiden Fällen gestört und dem Einfluß des Mondes gegenüber ohnmächtig sind.«

Bei aller Überzeugung, daß der Mond tatsächlich eine Wirkung auf das menschliche Gemüt ausübt, waren sich Ärzte wie Dr. Rush darüber einig, daß es sich hier nicht um etwas Mysteriöses handele. Rush glaubte, daß nichts anderes als das Mondlicht die Patienten in einen Erregungszustand versetzte.

Der französische Arzt Dr. E. Esquirol stimmte seinem amerikanischen Kollegen in puncto Einfluß des Mondes auf Geisteskranke zu: »Es ist wahr, daß ein Geisteskranker bei Vollmond aufgeregter ist«, sagte Dr. Esquirol seinen Studenten, »aber es ist das Mondlicht, das sie erregt, und keine Teufel oder übernatürlichen Kräfte.« In Deutschland kam Dr. W. Griesinger, Professor der Medizin an der Berliner Universität, zu demselben Schluß in einem im letzten Jahrhundert weit verbreiteten Lehrbuch, betitelt: *›Mentale Pathologie und Therapeutik.‹* »Was den Einfluß des Mondes betrifft . . . selbst bei gesunden Personen kann das Mondlicht den Gedankengang auf eigentümliche Weise beeinflussen, zum Beispiel beflügelt es glühende und religiöse Ideen und macht empfänglich für schwärmerische Poesie. Noch intensivere Wirkungen zeigen sich bei einem Wahnsinnigen, der stärker und differenzierter als der Gesunde von verschiedenen Sinneswahrnehmungen berührt wird; so können bei ihm in einer schlaflosen Nacht der Anblick des vollen und glänzenden Mondes, das unstete Licht, die vorüberhuschenden Schatten der Wolken in Verbindung mit der Stille der Nacht oder die unbestimmten Geräusche in der Irrenanstalt tatsächlich noch tiefere Gefühlsregungen, heftigere Emotionen und verschiedenartige Halluzinationen etc. hervorrufen.«

Das Mondlicht war für die Erregungszustände von geistig Kranken verantwortlich, und der Mond galt als der Urheber, wenn manche Menschen bei Vollmond den Verstand verloren. Mit diesen Erklärungen begnügte man sich einstweilen in medizinischen Kreisen und ließ die Angelegenheit auf sich beruhen. Und wenn manche Menschen ein eigenartiges Benehmen zeigten, war das eben Einbildung und Aberglaube und hatte nichts mit geheimnisvollen Kräften zu tun, die vom Mond ausgingen.

Es geschieht sehr oft, daß Aberglaube, der manchmal sogar durch renommierte Gelehrte als reiner Unsinn abgetan wird, sich später als Tatsache erweist. George Sarton, Dekan der Geschichtswissenschaft, erwähnt ein interessantes Beispiel für einen solchen Irrtum: Galilei, der Erfinder des Teleskops, »der eifrig bemüht war, allen astrologischen Aberglauben zu vermeiden, lehnte den möglichen Einfluß des Mondes auf die Gezeiten entschieden ab. Er war einer der bedeutendsten Intellektuellen aller Zeiten«, bemerkt Sarton, »doch in diesem Fall lenkte ihn seine Neigung zum Rationalismus vom Pfad ab, so wie auch zahllose Menschen durch ihren irrationalen Hang zu allem Mysteriösen irregeführt worden waren. Rationalismus ließ ihn voreingenommen werden, was kaum besser ist als Aberglaube.«

Obwohl viele Ärzte wahrscheinlich alles tun würden, um in ihrer Praxis eine Assoziation mit ›Aberglauben‹ zu vermeiden, ist es dennoch interessant, daß einige Ärzte, von wissenschaftlicher Neugierde getrieben, dasjenige untersuchen, was ihre Kollegen rundweg als astrologischen Unsinn ablehnen. Frau Dr. E. Beamer-Maxwell vom Eastern State Hospital in Williamsburg, Virginia, die weder im Verdacht steht, Mystikerin zu sein noch an Astrologie und Übernatürliches zu glauben, faßte den Entschluß, nachzuprüfen, ob zu bestimmten Phasen des Mondzyklus mehr Eingänge in der Station für geistig Gestörte zu verzeichnen waren oder nicht. Sie wurde hierbei unterstützt von ihrer Kollegin, Frau M. F. M. Hendrick, einer pensionierten Mathematikerin für Astronomie, die noch kürzlich für das Marine-Observatorium der Vereinigten Staaten gearbeitet hatte. Die Forscherinnen mußten ja wissen, daß sie sich mit dem, was sie taten, höchstwahrscheinlich in den Augen des Hospitalpersonals lächerlich machten; doch sie fanden den Mut, sich darüber hinwegzusetzen.

Nachdem sie Hunderte und aber Hunderte von Akten über einen zehnjährigen Zeitabschnitt eifrig studiert und die Anzahl der Aufnahmen im Hospital gegen den Mondzyklus aufgerechnet hatten, waren sie nicht wenig überrascht, zu entdekken, daß im Hospital um die Zeit des Neu- und Vollmondes mehr Patienten aufgenommen wurden als zu irgendeiner anderen Periode des Mondzyklus. Als die beiden Wissenschaftlerinnen das Ergebnis ihrer Untersuchungen auf einer Versammlung der Medizinischen Gesellschaft von Virginia 1951 vortrugen, weckten sie bei den zuhörenden Ärzten lebhaftes Interesse. Viele konnten es trotz des Beweismaterials kaum glauben, daß sich der ›Aberglaube‹ bewahrheitet hatte. Der Bericht wurde als Zufallsprodukt hingestellt, und die medizinischen Aufzeichnungen, die ihre Kolleginnen soeben präsentiert hatten, wurden nicht weiter beachtet.

Genauso beunruhigend wie die Mitteilung, daß mehr Personen bei Vollmond im Hospital aufgenommen wurden, war die Entdeckung, daß eine erheblich größere Anzahl von Personen um Neumond herum ins Hospital kamen. Die Entdeckung bedeutete, daß Ärzte des vergangenen Jahrhunderts wie Rush,

Esquirol und Griesinger im Irrtum waren, wenn sie den Einfluß des Mondes seinem Licht zuschrieben. Dies mochte für die Mehraufnahmen bei Vollmond zutreffen, erklärte jedoch nicht die Zunahme bei Neumond, weil zu diesem Zeitpunkt kein Licht auf die Erde strahlt.

1968 veröffentlichte Dr. R. D. Osborn die Ergebnisse einer Vergleichsstudie über die Einlieferung von Patienten ins Hospital von Uphan Hill, Ohio, zwischen Dezember 1964 und Dezember 1965. Auch hier wurde in der Psychiatrischen Station eine beträchtlich größere Anzahl von Patienten zu bestimmten Phasen des Mondes aufgenommen als zu anderen Zeiten.

Aus Texas kam ein ähnlicher Bericht von Dr. A. D. Pokorny über den Zusammenhang zwischen Einweisungen in Psychiatrische Kliniken des Staates und dem Mondzyklus. Es stand außer Zweifel, daß der Mond gewisse Menschen derart in Mitleidenschaft zog, daß sie sich sonderbar, irrational, wenn nicht sogar wahnsinnig verhielten.

Unter dem Eindruck dieser Beweise — die Einlieferung von Patienten betreffend — und unter Berücksichtigung des Mondzyklus, konnten die Kliniken einen Arbeitsplan aufstellen, um zu bestimmten Zeiten bei Voll- und Neumond mehr Personal disponibel zu haben.

Diese Berichte veranlaßten andere Wissenschaftler zu dem Versuch, herauszufinden, wodurch der Mond gewisse Menschen vorübergehend völlig aus dem Gleichgewicht bringe.

Eine solche Reihenuntersuchung wird augenblicklich unter Leitung von Dr. L. J. Ravitz, einem Neurologen an der Duke-Universität von North Carolina, durchgeführt. Wir statteten kürzlich Dr. Ravitz einen Besuch ab in Verbindung mit seinen Studien über die weibliche Menstruation und seiner Entdekkung hinsichtlich der Veränderungen des elektrischen Potentials, das mit der Monatsblutung der Frauen in Zusammenhang gebracht wurde. Bevor wir uns mit der Arbeit von Dr. Ravitz beschäftigen, wollen wir für einen Augenblick vom Thema abweichen und uns einem anderen Wissenschaftler zuwenden, den wir vorher getroffen hatten, Dr. Harold Burr von der Yale-Universität.

Wie wir bereits erwähnten, hat Dr. Burr nachgewiesen, daß alle lebenden Organismen ein elektrisches Feld verbreiten. Er begann mit Salamandern und zeigte an diesen primitiven Lebewesen, daß sie, wenn sie in einen Behälter mit Salzwasser gesetzt werden, elektrischen Strom erzeugen, gleich einem Dynamo, der Elektrizität produziert.

Im Prinzip ist ein Dynamo nichts anderes als eine Spule, die in einem magnetischen Feld rotiert. Jedesmal, wenn die Spule das Feld unterbricht, entsteht ein elektrischer Strom. In seinem Laboratorium ersetzte Dr. Burr Leitungsdrähte durch Salzwasser, da dies wie Draht ein guter Leiter für Elektrizität ist. Nach diesem Austausch brachte er den Behälter mit Salzwasser nebst Salamander zum Rotieren. Falls der Salamander ein elektromagnetisches Feld ausstrahlte, mußte er nach Dr. Burrs Erwartungen auch elektrischen Strom erzeugen.

Als Elektroden ins Waser eingeführt und die Drähte an einen Galvanometer angeschlossen wurden, bewegte sich der Zeiger tatsächlich nach links und dann nach rechts, was bewies, daß der Salamander einen elektrischen Strom erzeugte. Mit diesem einfachen Gerät war Dr. Burr imstande, zu demonstrieren, daß selbst primitive Lebewesen wie ein Salamander in der Lage sind, einen elektrischen Strom zu erzeugen.

Nachdem Dr. Burr den Nachweis für seine Theorie erbracht hatte, änderte er seine Testausrüstung so ab, daß sie ihm gestattete, seine Versuche auf alle möglichen Arten von Pflanzen und Tieren und selbst Menschen auszudehnen. Als Folge dieser Pionierarbeit erkennen jetzt die Wissenschaftler die Tatsache an, daß alle lebenden Organismen von einem elektromagnetischen Feld umgeben sind.

Aber es ist nicht nur Tatsache, daß Lebewesen Elektrizität erzeugen, sie werden auch von elektromagnetischen Feldern beeinflußt, in deren Wirkungsbereich sie geraten oder gewaltsam eingeführt werden, wie zum Beispiel im Laboratorium. Lebewesen tragen zur elektrischen Energieerzeugung in der Natur bei und werden andererseits durch die elektromagnetischen Felder der Natur beeinflußt.

Andere Wissenschaftler folgten Dr. Burrs Beispiel und begannen nachzuforschen, inwieweit die Veränderungen in der elektrischen Spannung des Menschen die Gesundheit und das Wohlbefinden reflektieren und ob Gesundheit und Gemütszustand eines Menschen beeinträchtigt würden, wenn man mit einem elektromagnetischen Feld die elektrische Spannung seines Körpers ändert.

Noch ein anderer interessanter Punkt dieses merkwürdigen Phänomens sollte erwähnt werden, bevor wir mit unseren Ausführungen fortfahren, und zwar der, daß die Erde selbst sich wie ein Dynamo verhält und einen leichten elektrischen Strom erzeugt, der uns alle beeinflußt. Die Stärke dieses elektromagnetischen Feldes ändert sich, was man wissen sollte, mit der jeweiligen Position des Mondes!

Dr. Leonhard Ravitz war diese Wechselbeziehung bekannt, als er das Verhalten von Patienten in psychiatrischen Heilanstalten studierte, um zu erfahren, ob sowohl ihr elektrisches Potential als auch ihr Betragen sich den Phasen des Mondes anglichen.

Nach jahrelangem Studium dieser Beziehungen ist Dr. Ravitz völlig davon überzeugt, daß das elektrische Potential des Gehirns sich rhythmisch in Übereinstimmung mit dem Mondzyklus verändert. Ravitz erwähnt auch, daß ein an Psychosen erkrankter Patient, dessen Gehirn bei Neu- und Vollmond die jeweils höchste elektrische Spannung abgab, »einen Drang zum Predigen verspürte und immer hochtrabender, verkrampfter und gereizter wurde«, sobald die elektrischen Veränderungen in seinem Gehirn eintraten.

Dr. Ravitz hat die gleiche Methode angewandt, um Studenten, die sich freiwillig dazu zur Verfügung gestellt hatten, während einer drei- bis achtmonatigen Periode zu testen. Er fand dabei ähnliche Veränderungen der Gehirnströme, die in engem Zusammenhang mit den Mondphasen standen. Jedoch litten diese Freiwilligen zu dieser Zeit nicht unter seelischen Schwankungen. Da sich also das Gehirnpotential mit der Position des Mondes ändert, hat sich gezeigt, daß nur bei geistig Kranken diese Schwankungen zu Ausbrüchen und bizarrem Verhalten führen.

»Wie dem auch sei«, schreibt Dr. Ravitz, »endlich gibt es eine wissenschaftliche Erklärung für gewisse Aspekte uralter Mythen, wonach Veränderungen des Geisteszustandes dem Mondzyklus zugeschrieben wurden.«

Dank Dr. Ravitz, Dr. Burr und vielen anderen an dieser Stelle nicht genannten Wissenschaftlern konnte der alte Glaube vom Einfluß des Mondes auf die Geisteskranken bewiesen werden. Die Macht des Mondes, die Seele mancher Menschen aufzuwühlen, kann nicht mehr geleugnet werden. Es gibt mehr Aufnahmen in den psychiatrischen Stationen bei Vollmond, und die Patienten, die bereits in Nervenkliniken untergebracht sind, benehmen sich zu solchen Zeiten recht sonderbar. Wir haben gesehen, daß die Ursache für diese Steigerung abnormen Verhaltens mit der Fähigkeit des Mondes in Verbindung steht, die elektrische Energie der Erde zu verändern, und daß manche Menschen dies empfinden.

Manchmal wird der ›Geistesgestörte‹ einfach nur desorientiert oder entwickelt größenwahnsinnige Vorstellungen über seine eigene Person. Er hält sich für Jesus oder Napoleon oder irgendeine andere bedeutende geschichtliche Persönlichkeit. Diese gedanklichen Verwirrungen, die mit dem Umlauf des Mondes kommen und gehen, werden außerhalb der Familie bzw. der Nervenklinik, wo der Patient untergebracht ist, nicht so sehr beachtet. Aber es gibt noch eine andere Form gedanklicher Verwirrung, die erhebliche öffentliche Aufmerksamkeit erregt. Wenn nämlich ein ›Geistesgestörter‹ an Verfolgungswahn leidet oder seine Selbstbeherrschung verliert und den unwiderstehlichen Drang verspürt, ›jemanden anfallen zu müssen‹, dann handelt es sich schon um einen Fall, der die Allgemeinheit angeht; denn niemand kann voraussehen, wer das nächste Opfer dieses Wahnsinnigen sein wird.

10 Mord bei Mondschein

Es liegt einige Jahre zurück, daß Thomas P. Brophy, Leiter des ›Städtischen Büros zur Untersuchung von Brandschäden in New York‹ versicherte, daß nach seinen Erfahrungen mehr Brandstiftungen in Vollmondnächten passierten als in den übrigen Nächten des Monats. In diesen Nächten gab es für ihn und seine Männer erhöhte Alarmbereitschaft in der sicheren Erwartung von Brandstiftungsdelikten, die, wie sie wußten, ihren Einsatz fordern würden.

Aus England berichtete der *Daily Mail* einen interessanten Fall, der in Birmingham zur Verhandlung kam. Ein dreiundzwanzigjähriger Flugzeugtechniker, der sich ohne Urlaub von der Royal Air Force entfernt hatte, wurde kurz darauf beim Stehlen von Geld ertappt und vom Richter zu sechs Monaten Zwangsarbeit verurteilt. Die einzige Aussage zu seinen Gunsten kam von seiner Mutter, die unter Eid erklärte, daß »sein Vater stets bei Vollmond durchdrehte, und bei abnehmendem Mond geht es mit seinem Sohn genauso«.

Unter den Verbrechen ist Mord das von der Menschheit am meisten gefürchtete. Ein Menschenleben auslöschen wird als das ungeheuerlichste und verwerflichste Verbrechen angesehen und wurde von den Gerichten entsprechend hart bestraft. Da Mord von den meisten Instanzen als Affekthandlung bewertet wird, ist es für Juristen nichts Ungewöhnliches, den Geisteszustand des Angeklagten zu berücksichtigen. Und unter solchen Umständen ist es durchaus üblich, dem Mond eine Mitschuld für das Verbrechen zuzuschreiben. Wie zum Beispiel vor einigen Jahren im *World-Telegram,* New York, berichtet wurde, schlossen sich die Richter einem Antrag des Verteidigers an, der für beschränkte Zurechnungsfähigkeit plädierte und als mildernden Umstand anführte, daß sein Klient »periodisch unter Wahnausbrüchen leidet, und dies ganz besonders bei Vollmond«.

Inspektor Wilfred Faust von der Polizeibehörde in Philadelphia nahm 1961 einen Bericht des ›Amerikanischen Instituts für medizinische Klimatologie‹ zu seinen Akten. Inspektor Faust äußerte sich dazu folgendermaßen: »Die etwa siebzig Polizeibeamten, die telefonische Beschwerden bearbeiten, haben immer berichtet, daß sich Verbrechen an Personen besonders in der Nacht vor Vollmond zu häufen schienen. Leute, deren asoziales Verhalten psychotische Ursachen hatte, zum Beispiel Pyromane, Kleptomane, rücksichtslose Autofahrer und mörderische Alkoholiker, schienen bei beginnendem Vollmond besonders anfällig für Straftaten zu sein und beruhigten sich wieder bei abnehmendem Mond.«

Da die Streitfrage hinsichtlich des Einflusses des Mondes auf Geisteskrankheit die Gelehrten durch die Jahrhunderte brennend interessiert hat, ist es nicht zu verwundern, daß die Beziehung zwischen einer Mondphase und Verbrechen, besonders wenn es sich um Mord handelte, von der Forschung unter die Lupe genommen wurde.

Zwei Wissenschaftler, die Doktoren A. L. Lieber und C. R. Sherin, lieferten 1972 stichhaltige Beweise, daß zu Vollmond mehr Morde als zu irgendeiner anderen Zeit verübt werden. Lieber und Sherin veröffentlichten die Ergebnisse ihrer Untersuchungen im *American Journal of Psychiatry*, wonach von insgesamt 1949 Morden, die im Landkreis Dade, Florida, in einem Zeitraum von fünfzehn Jahren zwischen 1956 und 1970 begangen wurden, bezeichnenderweise mehr Verbrechen bei Vollmond verübt wurden als zu irgendeinem anderen Zeitpunkt des Monats. Dr. Lieber kalkulierte, daß die Wahrscheinlichkeit dieses Zusammentreffens noch unter drei Prozent liegen müßte! Die Doktoren Lieber und Sherin haben auch das Polizeiarchiv des Landkreises Cuyahoga, Ohio, durchforscht und fanden dabei ein gleiches mondbezogenes Verhältnis für Morde in diesem Nordstaat. Das macht es immer unwahrscheinlicher, daß es sich bei dieser Wechselbeziehung zwischen Mondzyklus und Kapitalverbrechen um puren Aberglauben oder um eine aus der Luft gegriffene Meinung irgendeines Staatsanwaltes handelt.

Da es sich bei den meisten Morden nicht um sorgfältig vorbereiteten, angestifteten Totschlag handelt, sondern um Verbrechen, die im Affekt begangen werden, bei vorübergehend verminderter Selbstkontrolle, werden sie nach dem Urteil einiger Gerichte zeitweiliger Unzurechnungsfähigkeit zugeschrieben. Ein Mensch, der seine Frau oder seinen Freund umbringt, oder jemand, der ein Gewehr kauft, auf das Dach eines Hochhauses klettert und auf jeden in Sichtnähe schießt, tut dies oft unter einem unkontrollierbaren Zwang. Er oder sie haben den unwiderstehlichen Drang zum Töten. Man kennt heute viele Arten asozialer Verhaltensweise, die auf einen Mangel an Selbstbeherrschung zurückzuführen sind. Einige davon wurden bereits erwähnt wie zum Beispiel Pyromanie (der Drang, Feuer anzulegen), Trunksucht (das Verlangen nach übermäßigem Alkoholgenuß) sowie auch Mord. Selbstmord, worauf wir gleich zu sprechen kommen, ist eine andere Form von schwerer Körperverletzung, die mit mangelhafter Selbstkontrolle im Zusammenhang steht. Allerdings ist man im Falle von Selbstmord selbst das Opfer.

Daneben gibt es noch eine ganze Reihe anderer Formen mangelhafter Selbstkontrolle, welche nicht in kriminelles oder asoziales Verhalten ausarten. Es ist eine Tatsache, daß die Werbeindustrie viel Zeit und Geld investiert, um zu erfahren, was die Kunden zu spontanen Käufen motiviert. Supermärkte zahlen jährlich beträchtliche Summen an Werbebüros, die ihnen raten sollen, wie mehr Geld aus ›impulsiv handelnden Käufern‹ zu locken ist.

Die Menschen sind sehr verschiedenen Impulsen unterworfen. Ob es um die Dinge geht, die wir kaufen ohne besondere Notwendigkeit, oder daß wir zu einer Waffe greifen und damit irgend jemanden anfallen wegen einer eingebildeten oder tatsächlich erfolgten Beleidigung, in jedem Falle sind wir alle impulsiv handelnde Wesen. Die meisten Menschen unter uns sind sehr gut in der Lage, asoziale Triebe dank ihrer Erziehung zu unterdrücken. Wir haben gelernt, die meisten dieser Triebe zu beherrschen. Manchmal werden diese Schranken aufgehoben, zum Beispiel, wenn wir betrunken sind. Dann sagen oder tun wir Dinge, die normalerweise unterbleiben.

Der Drang, Dinge zu sagen oder zu tun, entsteht nach Ansicht der Gelehrten durch Kontrollausfall in der Großhirnrinde. Hier befindet sich der Sitz der Selbstdisziplin, welcher nach einem langen Entwicklungsprozeß eine spezielle ›Disziplin‹-Funktion ausgebildet hat, die von den Psychoanalytikern als ›Überich‹ bezeichnet wird.

Die Psychoanalyse ist ein Zweig der Psychiatrie, deren Begründer Sigmund Freud ist. Nach Freuds Vorstellungen wird das menschliche Verhalten von drei geistigen Grundstrukturen bestimmt. Eine dieser Strukturen ist das ›Es‹, das dem Bereich animalischen, instinktiven asozialen Verhaltens entspricht. Das ›Es‹ ist das im Menschen, was danach trachtet, zu kämpfen und, wenn notwendig, zu zerstören, um seine Forderungen durchzusetzen. Das ›Es‹ ist die impulsive Seite des Menschen, es verlangt sofortige Befriedigung.

Die zweite Struktur ist das ›Ich‹. Es ist dafür verantwortlich, das impulsive ›Es‹ in Schranken zu halten. Das ›Ich‹ bemüht sich, das ›Es‹ zu bremsen, wann immer es im Begriff ist, etwas gegen die Interessen der Gesellschaft zu unternehmen. Die dritte Kraft ist das ›Überich‹; es umfaßt die Lehren der Eltern und der Kultur. Man kann es auch das Gewissen nennen. Es wacht über beide, das ›Es‹ und das ›Ich‹ und stellt sicher, daß das ›Ich‹ nicht nachgibt und daß das ›Es‹ nicht durchdreht.

Nach psychoanalytischen Maßstäben geschieht ein Mord, wenn die ›Es‹-Impulse nicht mehr gezügelt werden können, d. h. wenn das ›Ich‹ und im besonderen das ›Überich‹ die Kontrolle darüber verlieren. Die Trunkenheit ist eine Ursache für das Wegfallen solcher Kontrolle. Eine andere Ursache scheint bei gewissen kosmischen Kräften zu liegen, die auf das Gehirn einwirken und normale Hemmungen abbauen, die das ›Es‹ in Schranken halten.

Wie wir gesehen haben, stellt der Mond merkwürdige Dinge mit den Menschen an und treibt sie zu sonderbaren Taten. Vorher haben wir erfahren, daß er die elektrischen Aktivitäten im Körper verändert. Da die Nerven in vieler Hinsicht elektrischen Leitern gleichen, ist es durchaus denkbar, daß der Mond manche Leute verrückt oder wütend macht, daß sie zu einer Gefahr für sich selbst und ihre Mitmenschen werden infolge veränderter elektrischer Abläufe im Hemmungszentrum ihres Gehirns. Bei manchen Leuten mit einem schwachen ›Überich‹ genügt ein kleiner Anstoß, um den letzten Rest eines Widerstandes gegen ihre zerstörerischen Neigungen zu beseitigen.

11 Selbstmord

Von 100 000 Menschen in den USA nehmen sich jedes Jahr elf das Leben. Das bedeutet, daß es in diesem Land mit rund 200 000 000 Einwohnern zu ca. 22 000 Selbstmorden kommt. Mit dieser Zahl nimmt der Selbstmord den zwölften Rang als hauptsächlichste Todesursache in den USA ein und übertrifft damit bei weitem noch die der Morde. Viel ernster jedoch ist die allgemein anerkannte Tatsache, daß die Dunkelziffer auf etwa 27 000 bis 30 000 Fälle jährlich geschätzt wird, wobei die Anzahl der versuchten Selbstmorde die der gelungenen um ein Achtfaches übertrifft. Das bedeutet, daß im Durchschnitt eine von 800 Personen in den USA jährlich einen Selbstmordversuch unternimmt!

Seit jeher hat die an eigener Person vollzogene Tötung die Menschheit verwirrt und erschreckt. Vor 2000 Jahren hat sich der römische Staatsmann Plinius bedauernd über den Selbstmord seines Freundes Cornelius Rufus mit folgenden Worten geäußert, die auch heute nichts an Aktualität eingebüßt haben. »Cornelius Rufus«, sagte Plinius, »ist gestorben, aber er starb freiwillig, was mich noch trauriger stimmt, denn der Tod ist desto tragischer, wenn er nicht auf natürliche Weise erfolgt. Wenn wir erleben, daß Menschen einer Krankheit erliegen, können wir Trost in dem Gedanken der Unabwendbarkeit finden; doch wenn das Ende selbst von ihnen herbeigeführt wird, ist unser Schmerz untröstlich, da wir fühlen, daß ihr Leben lang hätte währen können.«

Obgleich es viele Erklärungen für dieses verzweifelte Verhalten gibt, hat man statistisch nachgewiesen, daß 94 Prozent aller gelungenen oder fehlgeschlagenen Selbstmorde von Menschen begangen werden, die unter einem psychischen Problem leiden, meistens einer Depression.

Die Wissenschaftler, die sich dem Studium des Selbstmordes widmen, unterscheiden zwischen Motiven und dem tatsächlichen Anlaß, der den Selbstmord auslöst. Motive können Situationen sein wie zum Beispiel unerwiderte Liebe, eheliches

Zerwürfnis, Verstimmung, Verzweiflung, Einsamkeit, Geldsorgen etc. Anlässe hingegen sind interner Art; der Betroffene ist sich dessen meist nicht bewußt. Eine Umstellung der Körperchemie zum Beispiel kann den Hormonspiegel beeinflussen, und diese Veränderung kann sich auf Befinden und Stimmung auswirken. Der weibliche Menstruationszyklus, auf den wir gleich zu sprechen kommen, ist hierfür ein Beispiel, wie ein Wechsel im Hormonspiegel des Körpers das Gemüt vieler Frauen beeinflußt und ihnen während der ›Tage‹ Kopfschmerzen und Störungen beschert, was zu schweren seelischen Depressionen führen kann. Es ist eine Tatsache, daß mehr Frauen als Männer einen Selbstmordversuch begehen,

In Anbetracht des zyklischen Auftretens vieler seelisch bedingter Krankheiten und des Übergewichts von Frauen im Verhältnis zu Männern bei versuchtem Selbstmord, haben einige Forscher versucht, eine Wechselbeziehung zwischen der beobachteten Periodizität von Selbstmorden und Mondzyklus nachzuweisen.

In dem Artikel ›Mondschein und nervöse Störungen‹, erschienen im *›American Journal of Psychiatry‹*, beschreibt Dr. J. F. Oliven die Ergebnisse einer Studie, wonach mehr als die Hälfte der gemeldeten Selbstmorde über eine bestimmte Periode mit den Tagen um den Vollmond zusammenfiel.

Nach einer vom Hauptuntersuchungsrichter Chicagos, Dr. S. A. Levinson, durchgeführten Studie neigt eine gewisse Gruppe von Menschen eher bei Neu- oder Vollmond zum Selbstmord als zu irgendeinem anderen Zeitpunkt des Monats.

Dr. D. Lester vom ›Institut zur Verhinderung von Selbstmorden‹ in Buffalo, New York, befaßt sich mit den Zahlen der zwischen 1964 und 1968 begangenen Selbstmorde in dieser Stadt. In vier von fünf der untersuchten Jahre lag die Selbstmordrate um die Zeit des Vollmondes am allerhöchsten.

Zwei australische Gelehrte, die Doktoren L. J. Taylor und D. D. Diespecker, berichteten 1972, daß es im Zusammenhang mit gewissen Mondphasen eine bedeutende Zunahme von Selbstmordversuchen von Frauen gab. Eine kanadische Studie, durchgeführt von den Psychologen Dr. K. P. Ossenkopp und Dr. M. D. Ossenkopp, zeigt ebenfalls, daß sich mehr Frauen während bestimmter Mondphasen vergiften. Diese Übereinstimmung konnte nicht als purer Zufall abgetan werden. Der Mond mußte ihren Drang nach Selbstmord beeinflußt haben.

12 Lykanthropie, das Krankheitsbild des Werwolfes

Bei den Griechen und Römern und ganz besonders im Mittelalter herrschte der allgemeine Glaube, daß sich Menschen in Tiere verwandeln könnten entweder durch Selbstverzauberung oder unter dem Zwang böser Geister gegen ihren Willen. Als Folge dieses Glaubens kam es häufig vor, daß Menschen sich in Autosuggestion einbildeten, Wölfe zu sein und diese Rolle spielten. In Siebenbürgen wurden solche Wesen *Volkodlaks* genannt. *Loupgarus* war die französische Bezeichnung, während sie in Schottland *Warwulfs* hießen. Der im Angelsächsischen gebräuchliche Ausdruck *Werewolf* wird vom deutschen ›Werwolf‹ abgeleitet. ›Were‹ heißt ›Mann‹, soweit bedeutet das Wort genaugenommen ›Wolfmann‹ oder ›Mannwolf‹.

Das Wort ›Lykanthropie‹ wird oft als Synonym für ›Werwolf‹ gebraucht; doch man macht heute zwischen beiden Begriffen einen deutlichen Unterschied. Während ›Werwolf‹ sich im allgemeinen auf eine Fiktion, einen Mythos oder die imaginäre Welt des Okkulten bezieht, versteht man unter ›Lykanthropie‹ eine Art Geistesverwirrung, wobei der von ihr Betroffene im Wahn lebt, ein Wolf zu sein. Das Wort kommt von Lykaon, König von Arkadien in Griechenland.

Nach einer Episode aus den *Metamorphosen* von Ovid war Lykaon eines Tages Gastgeber des großen Gottes Jupiter und bot seinem Gast boshafterweise ein Gericht mit Menschenfleisch an, um herauszufinden, ob der Gott wirklich allwissend war, wie man ihm nachsagte (dann mußte er es am Geschmack erkennen), oder ob er sich täuschen ließ und es für Fleisch eines Tieres hielt. Jupiter indessen ließ sich nicht irreführen; auch hatte er kein Verständnis für diese Prüfung. Durch die Beleidigung verärgert, wandte er sich gegen Lykaon und verwandelte ihn in einen Wolf. Ovid beschreibt das folgendermaßen:

»Vergeblich versuchte er (Lykaon) zu sprechen; doch von diesem Augenblick an / waren seine Kiefer mit Geifer bedeckt, und es dürstete ihn nur / nach Blut. Als er in der Schafherde wütete und nach einem Blutbad lechzte, / war sein Gewand in haariges Fell verwandelt und seine Glieder wurden gekrümmt. / Alt von Aussehen wie zuvor doch mit wütender Gebärde, / funkelten seine Augen wild, ein Bild des Wahnsinns.« (Met. 1.237)

Daneben kursiert noch eine andere Erzählung mit Lykaon als Hauptperson. Nach dieser Legende wurde Arkadien durch Überfälle wilder Wölfe bedrängt, und da die Menschen überwiegend Hirten waren, litten sie sehr darunter. In der Annahme, daß ihr Unglück der Mißgunst der Götter zuzuschreiben war, beschloß Lykaon, ihr König, ein Opfer zu bringen als beste Lösung, um die Gunst der Götter zurückzugewinnen. Gibt es für einen Gott einen zarteren Leckerbissen als das Fleisch eines kleinen Kindes? Als Folge dieses Brauches, Menschenopfer zu bringen im Namen des Königs, bildete sich die Vorstellung von einem Mann, der sich in einen Wolf verwandelte, um als solcher Menschenfleisch verschlingen zu können.

Schon in römischer Zeit wurde Lykanthropie als eine Art von Wahnsinn erkannt. Während einiger Perioden im Jahr, insbesondere im Februar, gingen einige Verrückte, die unter dieser merkwürdigen Krankheit litten, in die Berge, um dort wie Wölfe zu leben. Nachts verließen sie ihre Verstecke, streiften umher, begingen Überfälle und zerfleischten die Körper von Unvorsichtigen, die es gewagt hatten, sich bei Dunkelheit im Freien aufzuhalten. In anderen Ländern hieß es, daß Werwölfe sich auf Friedhöfen verkrochen, in Gräbern schliefen und ihren Hunger an Leichen stillten, wenn sie sonst nichts Lebendiges zum Fressen fanden.

Einen frühen Fall von Lykanthropie beschreibt William Seabrook in seinem Buch ›Hexerei, ihre Macht in der Welt von heute‹ *(Witchraft, Its Power in the World Today)*. Ein Franzose, der an der Elfenbeinküste lebte, hielt seine Frau in einem Käfig gefangen, da er sie für einen Werwolf hielt. Es war ein geräumiger, komfortabler Käfig. Man konnte dem Gatten nicht den Vorwurf der Grausamkeit machen. Die Frau weigerte sich, Anschuldigungen gegen ihren Mann vorzubringen, als man ihr dazu Gelegenheit gab. Statt dessen zog sie es vor, eingesperrt zu bleiben; denn jedesmal, wenn man sie freiließ, kehrte sie am nächsten Tage mit blutverschmierten Kiefern zurück.

Nach Erkenntnissen der Psychoanalyse haben Lykanthropie und blutsaugende Vampire den gleichen Ursprung in einer psychologischen Unausgeglichenheit, die sich in einem Drang nach sexuellem Schmerzempfinden und Lust am Blutvergießen äußert. Schon vor Freud, der berühmten Autorität des neunzehnten Jahrhunderts auf dem Gebiet der Lykanthropie, lenkte Sabine Baring-Gould die Aufmerksamkeit auf die sadistische Veranlagung der Menschheit, die, gleich anderen Raubtieren, von einem Drang zum Töten und einer Neigung, Leben vernichten zu müssen, angetrieben wird.

»Oft konnte ich Gruppen aufgeregter Kinder vor den Schlachthöfen französischer Städte beobachten, ganz gebannt vom Todeskampf der Schafe und Rinder; sie verstummten, wenn sie Blut sahen.«

Nach Frau Baring-Gould ist in uns allen die Neigung vorhanden, anderen Leid zuzufügen; nur Ausmaß oder Umfang, mit dem Individuen fähig sind, diesen Trieb zu unterdrücken, unterscheiden sie voneinander.

Im sechzehnten Jahrhundert wurde Europa von einer Werwolf-Plage heimgesucht. Von 1520 bis 1630 wurden nicht weniger als 30 000 Fälle dieses Leidens registriert. Im Jahre 1573 zum Beispiel befahl der Rat von Dole eine planmäßige Aktion »mit Bratspießen, Hellebarden, Speeren, Arkebusen und Stöcken den Werwolf, welcher den Landstrich unsicher machte, zu jagen, zu fangen, zu fesseln und zu töten«.

Aus noch unbekannten Gründen konzentrierte sich Lykanthropie – Wahnsinn – hauptsächlich auf Frankreich. Das Blutbad, das durch diese Plage in Frankreich angerichtet wurde, ging zwar zurück, doch Morde, von Menschen begangen, die glaubten, Wölfe zu sein, kamen noch im vergangenen Jahrhundert recht häufig vor.

Bei ihrer Gefangennahme wurden diese unglücklichen Kreaturen entweder auf der Stelle getötet oder in Ketten in eine Irrenanstalt gebracht. Der französische Psychiater Esquirol beschrieb die mit dieser Art von Geisteskrankheit Behafteten, die er zu betreuen hatte, wie folgt: »Diese armen Teufel fliehen vor ihren Mitmenschen, leben in den Wäldern, Friedhöfen und verlassenen Ruinen und streifen nachts heulend übers Land. Sie lassen Bart und Fingernägel wachsen. Wenn sie sich selbst so mit langem Haar bedeckt und mit langen Krallen sehen, werden sie in ihrer beklagenswerten Überzeugung bestärkt. Von Not oder grausamer Wildheit getrieben, überfallen sie Kinder, zerfleischen, erschlagen und verschlingen sie.«

Die Symptomatologie der Lykanthropie ist kürzlich von Brien J. Frost wie folgt beschrieben worden: »Der Werwolf ist ein labiler Schwächling von hagerer, abgemagerter Gestalt. Seine Beine sind mit eitrigen Wunden bedeckt, die er durch vieles Hinfallen und wie ein Wolf auf allen vieren kriechend, bekommen hat. Sein Gesicht ist leichenblaß, die trockenen und eingefallenen Augen glänzen dennoch stechend und dämonisch und spiegeln die bestialischen Gedanken seiner Seele wider. Obwohl sein Mund von Durst ausgetrocknet ist, verlangt er nur nach warmem Blut, um seinen Durst zu löschen.«

Im Mittelalter schrieb man die Ursache des Gebrechens einer gewissen Krankheit zu, die den Körper befiel als Folge von Biß- oder Kratzwunden eines Werwolfs oder aber durch den Genuß von Fleisch eines Tieres, das vorher von einem dieser Wesen getötet worden war. Wenn jemand nur unter dem Verdacht stand, gebissen worden zu sein oder solches Fleisch genossen zu haben, ging man kein Risiko ein. Der Unglückliche wurde auf der Stelle von seinem aufgebrachten Nachbarn getötet oder ins Hinterland fortgejagt.

Die meiste Zeit über traute man dem Werwolf ein normales Aussehen und Verhalten zu. Doch während der Phase des Vollmondes glaubte man, daß das Blut des Werwolfs eine außerordentliche chemische Veränderung erfuhr, die seine menschliche Gestalt in die eines Wolfes verwandeln ließ.

Auch nahm man an, daß diese Veränderung nur zu dieser Periode des Mondzyklus stattfände. In vielen überlieferten Berichten von Überfällen eines Wahnsinnigen scheint der Mond eine wichtige Rolle gespielt zu haben durch Auslösen von Wahnvorstellungen bei geistesgestörten Menschen. Dieser Umstand fand bei dem bedeutenden Anthropologen Sir James Frazier seinen Niederschlag: »Das helle Mondlicht, das in einigen Erzählungen über Werwölfe vorkommt, dient nicht nur zur Ausschmückung, sondern hat auch eine tiefere Bedeutung; denn in einigen Gegenden glaubt man, daß die Umwandlung von Werwölfen in ihre tierischen Gestalten vorwiegend bei Vollmond stattfindet.«

Frau S. Baring-Gould wies auf die Bedeutung des Mondes hin, vor allem des Vollmondes, für das Zustandekommen dieses bizarren Phänomens. In ihrem ›Buch von den Werwölfen‹ *(Book of Were-Wolves)* merkt sie an, daß »in Südfrankreich (wo Lykanthropie seit etwa dem fünfzehnten Jahrhundert weit verbreitet war) man noch heute glaubt, daß das Schicksal gewisse Menschen zu Werwölfen vorbestimmt hat – und daß sie sich bei Vollmond in Wölfe verwandeln«.

Montagu Summers, ebenfalls eine bedeutende Autorität für Lykanthropie, äußert sich folgendermaßen über die Einwohner von Palermo, Italien: »Wenn der Mond sich rundet (zum Vollmond), verspürt der Werwolf ein heftiges Verlangen, seine Augen versinken in ihren Höhlen und bekommen ein verglastes Aussehen, er fällt zu Boden, wälzt sich im Staub oder Schlamm, er windet sich unter fürchterlichen Schmerzen, danach fangen seine Gliedmaßen zu zittern an und werden von violenten Konvulsionen geschüttelt.« Nach dieser Beschreibung zu urteilen, möchte man annehmen, daß die Bewohner jener Gegend Zeugen epileptischer Anfälle waren und in ihrer Unkenntnis diese für die Leiden eines Werwolfs hielten, die er bei Vollmond zu erdulden hatte.

Die Rolle des Mondes bei Lykanthropie spricht auch aus dem folgenden Auszug einer russischen Beschwörungsformel, die aufgesagt werden mußte, wenn sich jemand in einen Wolf verwandeln wollte:

Mond, Mond, goldgehörnter Mond,
Hemme den Flug der Kugel, entschärfe des Jägers Messer,
Zerbrich des Schäfers Knüttel,
Verbreite Furcht unter dem Vieh,
Unter den Menschen und allem, was kreucht,
Auf daß sie den grauen Wolf nicht packen,
Damit sie ihm nicht sein warmes Fell abziehen.

Von dem Augenblick an, wenn der Vollmond am Himmel erscheint, bis ihn die Helligkeit der Sonne verschluckt, wird der Werwolf zum ruhelosen Jäger, getrieben von unersättlichem Appetit nach Fleisch, so glaubte man. Bei Anbrechen des Tageslichtes verläßt ihn der unkontrollierbare Drang, und sein Wahnsinn weicht der Gelassenheit. Man nahm an, daß sein Verhalten völlig unter dem Einfluß des Mondes stand.

Im Zusammenhang mit dem Volksglauben über den Werwolf spielt der Eisenhut eine Rolle; eine Pflanze, von der es heißt, daß sie nur bei Herbst-Vollmond blüht, und der man nachsagt, sie wäre das einzige wirksame Heilmittel gegen Lykanthropie. Manche Leute vermeinten, daß sich nur dann ein

Mensch in einen Wolf verwandeln könnte, wenn der Eisenhut blühte, ein Volksglaube, der sich in einem alten Zigeunerreim erhalten hat:

Selbst ein Mann von reinem Herzen,
Der des Nachts seine Gebete aufsagt,
Kann zum Wolf werden, wenn der Eisenhut blüht
Und der Herbstmond leuchtet.

Wir wissen nicht, woher die Beziehung von Lykanthropie zum Eisenhut *(wolfs-bane)* kommt; denn eigentlich gibt es ja zwei Pflanzen gleichen Namens. Die erste, *Aconitum napellus,* wie ihr lateinischer botanischer Name lautet, wächst im Gebirge von Europa und Asien. Es ist eine sehr giftige Pflanze, deren Hauptbestandteil, das Akonitin, den Blutdruck senkt und den Kreislauf verlangsamt. Die zweite Pflanze der Gattung, *Arnica montana,* wird vorwiegend in Europa gefunden. Arnika, aus deren Blütenblättern ein Arzneimittel hergestellt wird, das man besonders bei Lähmungserscheinungen benutzt, ruft auch heftige Darmschmerzen hervor und wird daher nur in beschränktem Maße angewandt.

Das Thema Lykanthropie beschäftigt selbst die Fantasie moderner Schriftsteller, obwohl Berichte über diese Krankheit heutzutage recht selten sind. Ab und zu kann man darüber etwas in ärztlichen Fachzeitschriften lesen. Ein Beispiel dafür ist ein Artikel, betitelt ›Der Mond, Werwölfe und Medizin‹ (The Moon, Were-wolfes and Medicine) von Dr. W. B. McDaniel, der kürzlich in einer Publikation *Transactions and Studies of the College of Physicians of Philadelphia* erschien. Der Autor erklärt, daß er besonders am Weiterleben des Glaubens an Lykanthropie interessiert sei, da »unwissende Mitglieder rückständiger Gemeinschaften noch in unseren Tagen geglaubt haben, daß sich ein Mensch unter Mondeinfluß in einen Vielfraß* verwandeln und sich wie ein Wolf verhalten könnte, und seine Nägel bekämen plötzlich die Länge von Tierkrallen«.

»Personen, die infolge erblicher Belastung dazu neigen, ein Vielfraß zu werden, sollten sich stets vor dem Mondlicht in acht nehmen«, so besagt es der Glaube. »Sie müssen das Gesicht bedecken, wenn sie im Bett liegen«, um die Heimsuchung zu

* Gemeint ist das Tier dieses Namens.

vermeiden, denn »sollten sie vor Tagesanbruch von den (Mond-)Strahlen direkt getroffen werden«, würde die Verwandlung herbeigeführt.

Obwohl der Ursprung dieses Volksglaubens, wonach sich Menschen in Wölfe verwandeln können, im dunkeln liegt, könnte man Betrachtungen anstellen, ob das Bellen der Hunde und Heulen der Wölfe bei Mondlicht irgendwie eine Beziehung zwischen diesen Tieren und dem Mond geschaffen hat. Das könnte einen Gedankenprozeß in Gang gebracht haben, der in der Legende vom Werwolf gipfelte. Mit zunehmender Verbreitung der Legende unter dem Volk begann die Weissagung wie von selbst zu wirken. Man glaubte, daß es den geistig Verwirrten bestimmt wäre, wie Wölfe zu handeln und zur Zeit des Vollmondes ihre Rolle zu spielen, d. h. genau zu dem Zeitpunkt, wo ihr Geist am ehesten für die mysteriösen Kräfte des Mondes empfänglich wäre.

13 Mondsüchtigkeit

Bereits im Jahre 1838 tauchten Berichte in der wissenschaftlichen Literatur auf, wonach nächtliches Umherirren von Schlafwandlern (auch Somnambulisten genannt) vom Leuchten des Vollmondes ausgelöst sein könnte, ein Phänomen, das unter dem Begriff ›mondsüchtig‹ bekannt ist. Richard von Krafft-Ebing, der berühmte Psychiater des neunzehnten Jahrhunderts, erkannte das Vorhandensein dieses Phänomens und behauptete, daß es sich um eine »symptomatische Äußerung gewisser Nervenkrankheiten« handele. Viele seiner Kollegen lehnten es ab, dieses Phänomen anzuerkennen. Dr. H. Spitta zum Beispiel bestritt kategorisch dessen Existenz und erklärte, daß »das viel diskutierte und als romantisch betrachtete ›Nachtwandeln‹ eine Legende sei, die ganz im Gegensatz zu den bisher beobachteten Tatsachen stünde. Daß aus der Fantasie der deutschen Volksseele Rückschlüsse auf das gespenstische Licht des Mondes und seine Anziehungskraft gezogen würden, beweise noch gar nichts«.

Ungeachtet Dr. Spittas Skepsis wurde Schlafwandeln von vielen Autoritäten auf medizinischem Gebiet beschrieben und, um mit dem Worten von Dr. J. F. Oliven zu sprechen, »obwohl in den vergangenen Jahren nur wenige Beobachtungen in dieser Richtung gemacht wurden, scheint es kaum Zweifel über das Vorhandensein dieses Phänomens zu geben«.

Als die umfassendste Untersuchung über Schlafwandeln gilt die Abhandlung des Wiener Psychoanalytikers Dr. J. Sadger. Darin hat er die in seiner Praxis bekannten Fälle gesammelt und publiziert. Sadgers Beschreibung des Phänomens, das er bei seinen Patienten beobachtete, lautet folgendermaßen: »Unter dem Einfluß dieses Himmelskörpers (der Mond) wird das vom Mondlicht getroffene Individuum gewissermaßen aus dem Bett gelockt, starrt gebannt den Mond an, stellt sich ans Fenster oder steigt hinaus mit schlafwandlerischer Sicherheit, klettert aufs Dach, läuft darauf herum oder begibt sich, ohne zu straucheln, ins Freie.«

Dr. Sadger zitierte das Beispiel eines seiner Patienten im einzelnen und wies darauf hin, daß »mehr als reiner Aberglauben hinter der Volksmeinung stecke, die von ›magischer‹ Kraft spricht, durch die der Mond den Schläfer anzieht«. Dr. Sadger nimmt an, daß die Basis dieser magnetähnlichen Anziehung möglicherweise analog dem Zustandekommen der Gezeiten unter Mondeinfluß ist oder, anders ausgedrückt, daß vom Mondlicht eine direkte Wirkung ausgehe. »Eine solche Beziehung ist denkbar«, behauptet er, »wenn wir die motorische Übererregbarkeit aller Schlafwandler und das Wirken von Ebbe und Flut unter Mondeinfluß betrachten. Und in einem Zeitalter, in dem jedes Jahr neue Erkenntnisse über bekannte und unbekannte Strahlen gewonnen werden, kann niemand auch nur im geringsten den Einfluß der Strahlen des Mondlichtes in Abrede stellen.«

Wenn auch Dr. Sadgers Spekulationen etwas weit hergeholt erscheinen, haben tatsächlich eine Anzahl überprüfter Experimente unter Leitung von Dr. L. W. Max gezeigt, daß Licht die Muskelbewegungen des menschlichen Körpers verstärkt. Diese wurden sichtbar gemacht durch Anwendung hochempfindlicher elektro-mygraphischer Messungen des Beugermuskels des Armes, die eine deutliche Reaktion auf Licht ergaben. Zu gleicher Zeit bestätigten dreißig von dreiunddreißig Personen, die sich Experimenten von Dr. Max zur Verfügung gestellt hatten, daß sie träumten, wenn sie unter Reizeinwirkungen standen.

Diese Studie ist bemerkenswert, da sie vermuten läßt, daß der vom Licht ausgehende Reiz in einer oder anderen Form vom Schläfer wahrgenommen wurde und zu Träumen Veranlassung gab. Die Muskelreaktion könnte dann mit den Träumen in Verbindung gebracht worden sein. Andererseits ist es auch möglich, daß diese Reaktion unabhängig von der Traumaktivität durch ein Lichtstimulans zustande gekommen war. In diesem Falle könnte das Mondlicht, wenn es besonders empfindsame Menschen trifft, Muskelbewegungen in anderen Körperteilen auslösen, so daß sie im Schlaf zu wandeln beginnen. Indessen verfügt man vorerst noch über wenig Beweismaterial zur nachhaltigen Unterstützung dieser Theorie.

14 Elektrizität und Magnetismus

Wie ist es möglich, daß der Mond diese Wirkung auf Pflanzen, Tiere und auch den Menschen ausübt? Welch denkbares Reizsystem haben lebende Organismen, die Impulse von diesem 384 400 km entfernten Objekt aus dem Weltall empfangen können? Wodurch kommt diese Übertragung zustande? Da die Nerven eines Körpers die einzigen Mittel sind, Informationen aus unserer Umwelt aufzunehmen, muß der Mond auf irgendeine Weise Zugang zu unserem Nervensystem haben. Um dies besser verstehen zu können, müssen wir uns mit einigen Elementarbegriffen der Elektrizität vertraut machen, nämlich dem Verhältnis zwischen Elektrizität und lebenden Organismen.

Die Entdeckung der Bioelektrizität ist einem Zufall zu verdanken, wie dies bei so vielen bedeutenden wissenschaftlichen Entdeckungen der Fall gewesen ist. Als einmal der italienische Gelehrte Luigi Galvani in seinem Laboratorium arbeitete, hielt er einen Froschschenkel, den er gerade untersuchte, etwas zu nahe an einen Draht. Der Schenkel begann zu zucken, so als wenn noch Leben in ihm sei. Fasziniert von seiner Beobachtung wiederholte Galvani das Experiment mit dem Resultat, daß der Schenkel abermals zuckte. Voll Begeisterung verkündete Galvani der wissenschaftlichen Welt, daß tierische Muskeln in der Lage seien, Elektrizität zu erzeugen, sobald sie in Kontakt mit Metall gebracht würden. Ein italienischer Gelehrter namens Alessandro Volta war jedoch der Ansicht, daß es hierfür eine andere Erklärung gäbe. Die Elektrizität kam, seiner Meinung nach, nicht vom Froschschenkel her, sondern von verschiedenartigen Metallen, mit denen der Schenkel Berührung hatte. Um seinen Standpunkt unter Beweis zu stellen, baute er die erste elektrische Batterie, auch ›Voltasche Säule‹ genannt, die sich aus Kupfer- und Zinkscheiben zusammensetzte, zwischen denen in verdünnter Schwefelsäure getränkte Filzplatten lagen.

Wir wissen heute, daß sowohl Galvani als auch Volta recht hatten. Tierische Muskeln können Elektrizität erzeugen und auch von Elektrizität beeinflußt werden. Die Wissenschaft hat seit den Zeiten von Galvani und Volta große Fortschritte gemacht. Es gibt eine Unzahl von Studien über die elektrischen Eigenschaften lebender Organismen, und die Veröffentlichungen auf diesem Gebiet füllen weiterhin die Seiten wissenschaftlicher Zeitschriften, da wir immer mehr Erkenntnisse über das Wesen der Bioelektrizität gewinnen. Heutzutage wiederholt man die Experimente dieser beiden Pioniere der Elektrizität auf der ganzen Welt. Das einst Geheimnisvolle und Ungewöhnliche stellt heute für Studenten einen ganz alltäglichen Laborversuch dar.

Nachdem er seine Batterie vervollkommnet hatte, begann Volta eine neue Versuchsreihe, wobei er die hervorstehenden Drahtenden der Batterie mit verschiedenen Teilen seines Körpers in Kontakt brachte. Als er damit seine Zunge berührte, hatte er eine Geschmacksempfindung, ein Kontakt mit den Ohren verursachte eine Geräuschwahrnehmung. Volta war somit dem ›Spezifischen Lehrsatz über die Nerven‹ auf die Spur gekommen, wonach, unabhängig von der Art der Stimulanzien, ein erstmals erregter Nerv einen elektrischen Impuls zum Gehirn weiterleitet. Das Gehirn interpretiert daraufhin die Botschaft auf gleiche Weise wie beim Ansprechen durch natürliche Reizquellen, wie z. B. Licht, Geräusch und Wärme usw., die im Normalfall vom jeweils zuständigen Nerv gemeldet werden und nicht von der Energiequelle, in diesem Falle der Elektrizität.

Elektrizität kann durch vielerlei Quellen verursacht werden. Wenn Sie über einen dicken Teppich laufen und dann eine Türklinke aus Metall anfassen, am Schaltknopf ihres Fernsehgerätes drehen oder einem Freund die Hand geben, merken Sie deutlich, was statische Elektrizität ist, indem Sie einen kurzen und unangenehmen Schlag erhalten. Der Blitz stellt eine andere Form statischer Elektrizität dar.

Elektrizität ist nichts weiter als das Fortbewegen winziger negativ geladener Teilchen, Elektronen genannt, durch Stoffe mit guten Leiteigenschaften. Diese Bewegung der Elektronen durch die Zellmembrane ist die Basis aller biologischen Vorgänge sowohl im tierischen als auch im pflanzlichen Bereich. Man stelle sich die Aktivität des menschlichen Gehirns als eine negativ geladene Welle vor, welche die Zellmembranen durcheilt und dabei eine elektrische Strömung in die Zellen einfließen läßt. Einige Stoffe, wie zum Beispiel Kupfer und Nervengewebe, sind gute Leiter, so daß sich die Elektronen darin mit Leichtigkeit fortbewegen können. Andere Substanzen, wie z. B. Gummi oder Holz, sind schlechte Leiter, durch die die Elektronen nur schwer hindurchkommen. Unabhängig von der Beschaffenheit des Leiters muß dennoch zunächst eine Kraft oder ein Druck am Werk sein, um die Elektronen in Bewegung zu versetzen. Diese Kraft nennt man elektrische Spannung *(voltage)*. Bei einem Zuviel an Elektronen in einem Bereich und einem Zuwenig in einem anderen entsteht ein Druck, durch den die Elektronen danach trachten, in den zuwenig gefüllten Bereich zu gelangen. Die Stärke des Druckes, die solches bewirkt, ist die Spannung. Wenn es blitzt, sind die Wolken im Verhältnis zur Erde und dicht über ihr mit positiven Ionen übersättigt, und wenn ein Blitz aufleuchtet, ist dies nichts weiter als eine sich in Richtung Erde hinbewegende Masse von Ladungen. Im Nervensystem entwickeln die Reizempfänger ihr eigenes Spannungspotential, indem sie die positive Ladung, welche normalerweise auf der Oberfläche ruhender Nervenzellen liegt, herabsetzen, bis ein kritisches Niedrigniveau erreicht ist. Wenn nun diese Depolarisierung eintritt, setzt eine vorausbestimmte Reihenfolge von Vorgängen ein, welche stets das Passieren einer negativen Welle durch die Nerven auslöst. Ist die Welle durchgelaufen, wird der positiv geladene Zustand auf der Oberfläche der Zellmembranen wiederhergestellt. Diese im Grunde recht einfache, doch elegante Wechselwirkung von ›Depolarisierung‹ und ›Repolarisierung‹ der Nervenzellmembranen ist der eigentliche und für die Elektrizität in den Nerven verantwortliche Antrieb und für die sich daraus ergebenden, alles menschliche, tierische und pflanzliche Leben steuernden Verflechtungen.

Obwohl die Depolarisierung unserer Nerven im allgemeinen als Folgeerscheinung einer Reizung unserer Sinnesorgane auftritt, wie zum Beispiel ein Lichtstrahl, der unser Auge trifft, oder das von unserem Ohr wahrgenommene Geräusch, kann Depolarisierung auch durch elektrische Direktreizung der Nervenzellen entstehen. Wie Volta bereits vor vielen Jahren darstellte, können optische und akustische Wahrnehmungen durch leichtes Berühren bestimmter Stellen unseres Kopfes mittels eines elektrisch geladenen Drahtes ausgelöst werden. Um sich von der Richtigkeit zu überzeugen, halten Sie Ihren

Finger neben der Nase ans Auge und drücken ein wenig. Sie werden dann einen schwarzen Punkt ›sehen‹. Wenn Ihnen nach einem Schlag auf den Kopf ›Sterne‹ erscheinen, ist dies ein anderes Beispiel visueller Erfahrung, von mechanischer Reizung ausgelöst.

Schon früh in der Geschichte der modernen Elektrizitätsforschung entdeckten Wissenschaftler, daß magnetische Stimulanzien Elektrizität zum Fließen bringen könnte. Und somit wäre es dieser magnetischen Reizung möglich, auch das Nervensystem zu beeinflussen. Doch bevor wir dieses Phänomen untersuchen, wollen wir einen Blick auf die Natur des Magnetismus werfen.

Angenommen, man legt ein Blatt Papier auf einen Magnetstab und streut Eisenspäne darüber, dann klopft man leicht gegen das Papier. Die Späne arrangieren sich dadurch in einem bestimmten Muster, und zwar derart, daß die meisten sich an den Enden des Magnetstabes konzentrieren. Je größer der Abstand von den Magnetpolen ist, desto geringer wird die Konzentration der Späne. Dieser kleine Versuch zeigt, daß jeder Magnet von einem unsichtbaren Magnetfeld umgeben ist, das eine Anziehungskraft auf bestimmte Gegenstände ausübt, die in seinen Bereich kommen. Obwohl man früher glaubte, daß nur Gegenstände wie zum Beispiel Eisen der magnetischen Anziehungskraft unterliegen, werden wir im nächsten Kapitel sehen, daß sogar lebende Materie, wenn auch nicht sichtbar, ebenfalls dem Einfluß von Magnetismus unterworfen ist.

Um ein magnetisches Feld zu erzeugen, muß man nicht unbedingt einen Magneten haben. Das wurde zuerst von dem dänischen Physiker Christian Oersted nachgewiesen. Dr. Oersted experimentierte eines Tages mit Elektrizität. Dabei fiel sein Blick zufällig auf einen Kompaß, der sich in der Nähe seines Arbeitstisches befand. Als er bemerkte, daß der Kompaß auffällig reagierte, sobald der elektrische Strom eingeschaltet wurde, befaßte er sich mit dieser Besonderheit und kam zu dem Schluß, daß alle elektrischen Ströme ein magnetisches Feld hervorrufen.

Nachdem Oersted entdeckt hatte, daß Elektrizität Magnetismus erzeugen konnte, fragte sich ein anderer hervorragender Gelehrter, Michael Faraday, ob das Gegenteil nicht ebenfalls zuträfe: Könnte Magnetismus nicht auch Elektrizität erzeugen? Nach gewissenhaften Untersuchungen fand Faraday tatsächlich, daß ein in Bewegung gebrachter Magnet einen elektrischen Strom auslösen kann. Je schneller die Bewegung oder je stärker der Magnet oder beides, desto größer ist der dadurch erzeugte Strom.

Ein magnetisches Erdfeld verhält sich natürlich ganz anders als eine einfache Kompaßnadel. Genaugenommen ist ein Kompaß nichts anderes als eine magnetisierte Nadel. In freier Bewegung weist die Nadel stets nach Norden, in Richtung zum ›magnetischen Pol‹ der Erde (ein Glück für alle, die auf See oder im Wald die Richtung verloren haben), dort, wo sich die magnetische Anziehungskraft der Erde am stärksten auswirkt. Gewaltige erdmagnetische Strömung kann man oft am Tanzen der Kompaßnadel beobachten. Häufig entsteht dieses Pendeln im Zusammenhang mit solaren Störungen. Die Wechsel im erdmagnetischen Kraftfeld können manchmal so heftig sein, daß die hierdurch verursachten elektrischen Ströme sogar den Telegrafenverkehr stören. Die Bewegungen des Mondes verursachen ebenfalls Änderungen in der Intensität des erdmagnetischen Feldes. Obwohl diese nicht das Ausmaß solarer Turbulenzen erreichen, kommen sie doch regelmäßig und häufig vor, besonders um die Zeit des Vollmondes. Diese Änderungen im erdmagnetischen Feld können auch unser Wetter beeinflussen. Kürzlich bestätigte ein Bericht in *Nature* von Dr. J. W. King vom Appleton-Laboratorium in England den Einfluß des erdmagnetischen Feldes auf das Wetter.

Warum sich die Erde wie ein Magnet verhält, ist noch ein Geheimnis, das die Gelehrten bisher nicht lüften konnten. Aber es ist nun einmal so, daß die Erde, ungeachtet der Herkunft des Erdmagnetismus, ein riesiges magnetisches Feld mit zwei magnetischen Polen darstellt, von denen einer in der Nähe des Nordpols und der andere nahe dem Südpol liegt. Außerdem steht fest, daß sowohl die Sonne als auch der Mond zur Stärke des erdmagnetischen Kraftfeldes beitragen, wobei der Einfluß der beiden Himmelskörper in einigen Teilen der Erde stärker ist als in anderen. So erhöht zum Beispiel der Mond in Bayern den Erdmagnetismus um ein Zehnfaches, während in Greenwich (England) die Steigerung nur doppelt so groß ist. Tägliche Aufzeichnungen über magnetische Aktivitäten unseres Planeten haben gezeigt, daß in einigen Gebieten von Tag zu Tag relative Ruhe herrscht, während in anderen Gegenden häufig magnetische Störungen registriert werden.

Dr. King hat auch darauf hingewiesen, daß die Intensität des erdmagnetischen Feldes sich im Laufe der Jahrhunderte geändert hat. Parallel dazu haben in vielen Teilen der Erde dramatische Klimawechsel stattgefunden, die keine unbedeutende Rolle in der Geschichte unserer Zivilisation gespielt haben.

So wurde zum Beispiel Amerika nicht zuerst von Christoph Kolumbus im Jahre 1492 entdeckt, sondern von furchtlosen skandinavischen Wikingern um das Jahr 1000 v. Chr., die mit ihren Segelschiffen ohne Hilfe von Karten und Kompaß auf den unbekannten Ozean steuerten. Zunächst erreichten sie Island und danach Grönland, und es fiel ihnen nicht schwer, die Eingeborenen dieser Inseln zu unterwerfen. Es wurden bald Niederlassungen gegründet. Weitere Nordmänner verließen die Heimat und wandten sich der ›Neuen Welt‹ zu. Einige dieser Wikinger landeten in Nordamerika und erforschten den neuen Kontinent. Doch die Mehrzahl dieser Pioniere zog es vor, ein neues Leben auf Island oder Grönland zu beginnen, und sie überließen Amerika den nachfolgenden Generationen. Aber wie es das Schicksal wollte, das Klima verschlechterte sich um 1400 n. Chr. im nordatlantischen Raum. Die Kälte begann die Gesundheit der sonst so widerstandsfähigen skandinavischen Bevölkerung anzugreifen. Sie wurden anfällig gegen Krankheiten wie zum Beispiel Rachitis. Ihr körperlicher Wuchs ging zurück, und sie wurden schwächer, so daß die einheimische Bevölkerung – bislang unterworfen – ihre Chance zur Befreiung gekommen sah. Mehr gewöhnt und akklimatisiert an die periodischen Witterungsumschwünge auf den nordatlantischen Inseln, erhoben sich die Eingeborenen gegen die Wikinger, töteten sie schließlich oder trieben sie nach Europa zurück.

Witterungsumschwung hat auch bei anderen geschichtlichen Ereignissen eine bedeutende Rolle gespielt. Puerto Rico zum Beispiel war eine britische Insel und würde es heute noch sein, hätten nicht die hohen Temperaturen im 16. Jahrhundert zum Ansteigen des Gelbfiebers geführt, eine Seuche, die die auf der Insel stationierte englische Besatzung hinwegraffte.

Obwohl es keinen Beweis dafür gibt, daß Änderungen im Erdmagnetismus ursächlich mit diesem Klimawechsel zusammenhängen, wissen wir, daß das erdmagnetische Feld auf der nördlichen Halbkugel um 1600 v. Chr. von dem heutigen erheblich abwich und daß im Zeitraum zwischen 1500 und 1700 v. Chr. Europa eine ›kleine Eiszeit‹ durchmachte.

Weitgehende Änderungen im magnetischen Feld der Erde können daher auch Einfluß auf den Menschen haben, und zwar indirekt durch Veränderung seiner Umwelt. Doch wie steht es mit den direkten Auswirkungen von Änderungen im Erdmagnetismus? Reagieren lebende Organismen empfindlich auf Änderungen im Erdmagnetismus, die durch den Mond hervorgerufen werden? Wie bereits gesagt, ist ein elektrischer Strom nichts weiter als die Fortbewegung von Elektronen durch einen Leiter. Wenn ein Gegenstand in Kontakt mit einem magnetischen Feld kommt, werden die Elektronen im Gegenstand im rechten Winkel zur Richtung der Bewegung des Gegenstandes zur Seite gestoßen. Dadurch werden Elektronen in Bewegung gesetzt und elektrischer Strom erzeugt. Demnach umgibt jeden elektrisch geladenen Draht oder jeden sich drehenden Magneten sowohl ein elektrisches als auch ein magnetisches Feld.

Wenn Elektronen in einem Draht erst in der einen und dann in der entgegengesetzten Richtung beschleunigt werden, senden sie ein Kraftfeld aus, welches aus den Schwingungen elektromagnetischer Wellen besteht. Wenn andere Elektronen in dieses elektromagnetische Feld eindringen, wie zum Beispiel die Elektronen in eine Fernsehantenne, nehmen sie etwas von dieser Energie in sich auf und stehen somit unter der Einwirkung der elektromagnetischen Wellen. Auf einigen Frequenzen verwandeln sich diese Wellen zu einem Bild auf unserem Fernsehschirm. Auf anderen Frequenzen nehmen sie die Form von Licht an, während sie sich auf noch anderen Frequenzen in Röntgenstrahlen umwandeln.

Das elektromagnetische Spektrum setzt sich aus ungefähr sechzig verschiedenen Bestandteilen zusammen, und sichtbares Licht ist nur ein Bruchteil dieses Kontinuums. Die heutige Kenntnis vom Bestehen dieses Spektrums elektromagnetischer Wellen reicht bis 1799 zurück. Damals leitete der englische Astronom William Herschel bei einem Versuch einen weißen Lichtstrahl durch ein Prisma. Der Lichtstrahl wurde dabei in verschiedene Farben zerlegt. Herschel schaltete dann einen Thermometer in die Bahnen dieser Farben, um zu prüfen, welche Farbe die höchste Temperatur anzeige. Nachdem er fand, daß rotes Licht an einem Ende des Farbspektrums eine höhere Temperatur aufwies als violettes Licht am anderen Ende, war er neugierig, ob es jenseits des ›Rotwertes‹ der Farbskala noch eine Temperaturanzeige gäbe, und dies ohne sichtbare Farbwahrnehmung. Und tatsächlich registrierte der Thermometer eine noch höhere Temperatur als die von Herschel für Rot gemessene. Diese Infrarotstrahlen produzierten demnach Wärme, obwohl sie unsichtbar blieben. Zwei Jahre später entdeckte der deutsche Physiker Johann Wilhelm Ritter (1776 bis 1810) das Vorhandensein farbloser Wellen am violetten Ende des Spektrums. Diese ultravioletten Strahlen bräunen unsere Haut, wenn wir ein kurzes Sonnenbad nehmen, oder verursachen Sonnenbrand, wenn wir uns zu lange unbedeckt dem Sonnenlicht aussetzen. Außer Sonnenbrand auf unserer Haut bewirken die elektromagnetischen Strahlen im Ultraviolett, daß mittels einer chemischen Substanz – Ergosterol genannt – Vitamin D erzeugt wird.

Elektromagnetische Strahlen in Form von Sonnenlicht sind wichtig für das Wachstum der Pflanzen. Die verschiedenen Pflanzenarten benötigen unterschiedliche Sonnenlichtbestrahlungen für ihre Entwicklung. Jeder Hobbygärtner weiß aus eigener Erfahrung, welche Blumen gern am Fenster stehen und welche ein schattiges Plätzchen vorziehen. Außer auf die Menge von Sonnenlicht reagieren nach jüngsten wissenschaftlichen Erkenntnissen Pflanzen und sogar Tiere auf unterschiedliche Weise, wenn man sie verschiedenen Frequenzen oder Lichtfarben in dieser spezifischen Form elektromagnetischer Strahlen aussetzt. Bei einem interessanten Experiment wurden fünfzig Millionenfische in einem Aquarium neun Stunden täglich mit blauem fluoreszierenden Licht gehalten. Eine weitere, ebenfalls aus fünfzig Millionenfischen bestehende Gruppe wurde unter identischen Verhältnissen mit rosa Licht gehalten. Dramatischerweise pflanzten sich die unter blauem Licht gehaltenen Millionenfische nicht fort, während die in rosa Licht herangewachsenen Artgenossen die übliche Anzahl Nachkommen hervorbrachte. Bei Chinchillas, die im Freien unter natürlichen Lichtverhältnissen gezüchtet werden, halten sich bezeichnenderweise männlicher und weiblicher Nachwuchs zahlenmäßig die Waage. Sind sie hingegen Blaulicht ausgesetzt, ist die Nachkommenschaft nur weiblichen Geschlechts. Hühnern und Hähnen geht es bei rosa Beleuchtung schlechter als bei natürlichem Sonnenlicht. Wenn sie täglich zwölf Stunden mit weißem fluoreszierenden Licht bestrahlt werden, sind alle Eier fruchtbar. Bei rosa Licht gibt es nur sterile Eier.

Selbst blinde Tiere reagieren auf Farben. Bei einem Versuch wurden Mäuse, denen die Augen operativ entfernt waren, auf ein Tretrad unter verschiedenen Beleuchtungsbedingungen gesetzt. Die unter rotem Licht aufgezogenen Tiere waren am aktivsten, danach kamen die unter gelbem Licht gehaltenen. Die unter blauem Licht gepflegten Tiere zeigten die geringste Aktivität. Allem Anschein nach beeinflußten die unterschiedlichen Frequenzen elektromagnetischer Strahlen, die wir Farbe nennen, das Verhalten der Tiere, obgleich sie nicht sehen konnten! Offensichtlich sind die Augen nicht der einzige Körperteil, der elektromagnetische Energie wahrnehmen kann.

Elektrische Reaktionen auf Licht wurden tatsächlich in der Haut von Fröschen, Zwergschweinchen, Ratten und anderen Tieren festgestellt. Im Mai 1973 berichteten die Doktoren Marshall S. Harth und Marietta B. Heaton von der North-Carolina-Gesundheitsbehörde über die Ergebnisse eines Versuchs, wonach soeben aus dem Ei entschlüpfte Tauben auf Licht reagieren, noch bevor sie ihre Augen geöffnet haben. Zuerst demonstrierten die Forscher, wie die jungen Täubchen fünf Sekunden nach dem Aufblinken eines Blitzes ihre Köpfchen hoben und diese hin und her schüttelten. Um sicherzugehen, daß kein Licht auf die Augen fiel, wurden die Köpfchen mit schwarzen Kappen bedeckt. Die Täubchen reagierten auf den Lichtstrahl wie zuvor. Es liegt auf der Hand, daß die Forscher aus diesem Experiment den Schluß ziehen, die Haut besitzt die Fähigkeit, die elektromagnetischen Strahlen der begrenzten Wellenlänge zwischen violettem und rotem Licht wahrzunehmen.

Diese Versuche bedeuten also, daß die Körper lebender Organismen auf Energie aus ihrer Umwelt in einer Art und Weise reagieren, von der wir noch wenig Ahnung haben. Bis vor kurzem wußte man nicht, daß die Haut über elektromagnetisch empfindliche Empfangsorgane verfügt, die das Verhalten von Tieren, und möglicherweise auch von Menschen, in ganz bestimmter Weise beeinflussen. Erst jetzt beginnt man, sich über die Art dieser Wirkungen Gedanken zu machen.

Die von einer elektromagnetischen Welle erzeugte Energiemenge steht im umgekehrten Verhältnis zur Wellenlänge. Lange Wellen, wie zum Beispiel Radiowellen oder sichtbare Lichtstrahlen, ergeben nur wenig Energie und werden durch Kleidung oder Schutzschilde abgebremst. Andererseits enthalten Kurzwellen, wie zum Beispiel Röntgenstrahlen, Gammastrahlen oder kosmische Strahlen große Energiemengen, und es ist schwieriger, wenn nicht unmöglich, sie vor dem Durchdringen unseres Körpers aufzuhalten.

Die Wissenschaftler versichern uns, daß elektromagnetische Einflüsse stets ein permanentes Merkmal unserer Umwelt gewesen sind. Folglich ist die Annahme nicht ganz unberechtigt, daß diese Einflüsse eine Rolle bei der Evolution des Lebens auf unserem Planeten gespielt haben. Wenn dies tatsächlich so ist, brauchen wir uns als Folge dieser Vermutung nicht darüber zu wundern, daß diese Einflüsse in biologischen Prozessen lebender Organismen ihren Niederschlag finden.

15 Die wissenschaftliche Basis für das Einwirken des Mondes auf lebende Organismen

Im vorigen Kapitel haben wir gesehen, daß die Erde ein großes magnetisches Feld ist. Was immer es auch sein möge, das diesen charakteristischen Geomagnetismus erzeugt: Es ist vernunftmäßig anzunehmen, daß dies keine erst in jüngster Zeit erworbene Besonderheit unserer Erde ist, sondern bereits vor ihrer Entstehung vorhanden war. Geht man von dieser Voraussetzung aus, so kann man logisch folgern, daß während des Entwicklungsprozesses sich lebende Organismen nicht nur an den Einfluß des magnetischen Feldes gewöhnt haben, sondern daß in einigen Spezies gewisse biologische Vorgänge noch immer eine Empfindlichkeit für minuziöse Schwankungen im Elektromagnetismus bewahrt haben.

Um den Beweis für die Richtigkeit dieser Theorie zu liefern, steht der Naturforscher vor einem scheinbar unlösbaren Problem, nämlich wie man ein Tier aus dem erdmagnetischen Feld herausnehmen bzw. dieses Feld ausschalten kann, um jede Abweichung in seinem Verhalten durch ein systematisches Verändern der zu untersuchenden Kräfte überprüfbar zu machen.

Eine Lösung dieses Problems bot sich kürzlich von selbst in der spannenden Durchführung des Raumfahrtprogramms mit seinen ungeahnten Möglichkeiten. Man kann jetzt Raumschiffe und Satelliten in den Weltraum lancieren, wo sie frei vom Einfluß des Erdmagnetismus sind. Obwohl gegenwärtig durchführbar, ist es keine praktische Lösung. Für Forschungsarbeiten dieser Art ist sie einfach zu kostspielig.

Die zweite Alternative, das magnetische Feld der Erde abzuzweigen, ist natürlich nicht durchführbar. Es gibt aber noch eine andere Alternative. Diese dritte Möglichkeit macht eine Steigerung des elektrischen Feldes in einem bestimmten Bereich mittels Elektromagneten notwendig.

Das bedeutet im Prinzip, daß eine Pflanze, ein Tier oder eine Person in einem Versuchsraum eingeschlossen wird, um das

Verhalten des Testobjektes beobachten zu können unter Bedingungen, bei denen das magnetische Feld aktiviert wird oder auch nicht. Mit solchen Experimenten sollte es möglich sein, die Beziehung des Mondes zu lebenden Organismen zu überprüfen, da er ebenfalls eine Veränderung in den elektromagnetischen Feldern erzeugt, worin Tiere und Menschen normalerweise leben. Wenn also das magnetische Feld im Laboratorium geändert würde, sollte es möglich sein, eine der Wirkungen nachzuvollziehen, die der Mond auf unseren Planeten ausübt.

Auf den ersten Blick könnte man sich über solche Studien wundern, da ja jeder Schüler weiß, daß Magnete nur Metallgegenstände anziehen können. Doch wie es gerade bei ganz alltäglichen Erfahrungen so oft der Fall ist, haben sie die Eigenart, daß man gewisse, mögliche Veränderungen gar nicht bemerkt. Dazu gehören auch solche, die durch längeres Verweilen in einem Magnetfeld hervorgerufen werden können.

Eingehende Beobachtungen über die Art und Weise, wie magnetische Felder Wachstum, Entwicklung und Verhalten beeinflussen, haben tatsächlich und entgegen allen Erwartungen eindeutig bewiesen, daß bei so primitiven Arten wie Bakterien, aber auch in so komplexen und hochspezialisierten, wie es der Mensch ist, beachtliche Veränderungen eintreten, wenn man sie längere Zeit einem magnetischen Feld aussetzt.

Aus unseren Darlegungen im vorigen Kapitel sollte deutlich geworden sein, auf welche Weise magnetische Strömungen lebende Organismen beeinflussen. Magnetische Strömungen lösen elektrische Ströme aus, und Elektrizität ist für lebende Organismen, Pflanzen sowohl als auch Tiere, der Mittler von Informationen aus ihrer Umwelt.

Während die Körper von Tieren und Menschen mit Nerven versehen sind, die elektrische Impulse von Händen, Füßen, Haut usw. zum Gehirn und von dort aus zurückleiten, stellt sich die Frage: Wie steht es nun mit den Pflanzen? Besitzen diese ein Nervensystem oder keines? Man bedenke, daß Elektrizität nichts weiter ist, als die Fortbewegung negativ geladener Atomteilchen, Elektronen genannt.

Alle lebenden Zellen von Tieren und Pflanzen enthalten organische Salze, wie Natrium-Chlorid, und Wasser. Einige der Kochsalzmoleküle teilen sich im Zellwasser in positive Natrium-Ione und negative Chlorid-Ione. Aufgrund einer Eigenart lebender Zellen werden die positiven Natrium-Ione aus der

Zelle ausgestoßen; es häufen sich mehr positive Ione außerhalb der Zelle als im Innern. Das bedeutet, daß ein Austausch positiver Ionen durch die Zellwand stattfindet, was zu einer potentiellen Spannungsdifferenz führt. Dies ist, wie wir gesehen haben, die Basis für die Fortbewegung der Elektrizität. Folglich können Pflanzen, obwohl ihnen ein Nervensystem fehlt, trotzdem elektrische Impulse empfangen und weiterleiten. Diese besondere Fähigkeit, Impulse weiterzuleiten, ist ein wesentliches Charakteristikum, welches nach Charles Darwin Pflanzen und Tiere gemeinsam haben. »Dieses auffallendste gemeinsame Merkmal (von Pflanzen und Tieren)«, schrieb er in seinem Buch ›Über das Bewegungsvermögen der Pflanzen‹ (1880) *(The Power of Movement in Plants)*, »ist die hohe Empfindlichkeit für Reize und deren Weiterleitung von der Empfangsstelle zu einem anderen Punkt, der dadurch seinerseits in Bewegung gerät.«

Bereits 1904 wurde die Empfindlichkeit der Pflanzen für Umwelteinflüsse von dem indischen Naturwissenschaftler Sir Jagadis Chandra Bose dargestellt. Mit einem Spezialapparat eigener Erfindung, *Rescograph* genannt, gelang es Bose, die Nerventätigkeit bei Tieren zu messen und aufzuzeichnen. Durch eine Umänderung seines Apparates konnte Bose nachweisen, daß Pflanzen auf mechanische Reize, wie z. B. Berührung, mit physiologischen Änderungen reagieren, ähnlich denen, die er in Zellgeweben wahrgenommen hatte. Ein Nadelstich verzögerte den Wuchs einer Pflanze um 25 Prozent während einiger Stunden. Ein Messerschnitt verlangsamte den Wuchs im gleichen Verhältnis über noch längere Zeit.

Bose studierte ebenfalls die Wirkung von elektrischen Reizen auf Pflanzen. In einem Experiment zeigte er, daß ein sehr schwacher Impuls die Ausdehung eines bestimmten Teils der Pflanze, *Pulvinus* genannt, verursachte, wogegen ein kräftiger Impuls sein Zusammenziehen bewirkte, und zwar auf die gleiche Weise, wie sich ein Muskel dehnt und zusammenzieht.

In seinem Buch ›Erregungen in Pflanzen‹ *(Plant Response)*, das 1906 erschien, schreibt Bose: »Der Erregungszustand in den Kapillaren pflanzlicher Gewebe gleicht denen in den Nerven der Tiere. Die Reizübertragung vollzieht sich in beiden Fällen durch die Ausbreitung fotoplasmischer Veränderungen, und die Geschwindigkeit, mit der die Weiterleitung bei den Pflanzen stattfindet, ist der in den Nerven niederer Tierarten vergleichbar. Wenn es nun die Aufgabe eines Nervs ist, Reize weiterzuleiten, muß zugegebenerweise auch die Pflanze mit einem Nervensystem ausgestattet sein.«

Etwa ein halbes Jahrhundert später begann Dr. H. Burr von der Yale-Universität mit eigenen Forschungsarbeiten über elektrische Eigenschaften von Pflanzen und Tieren, die er mit ›Lebensfelder‹ *(fields of life)* oder abgekürzt ›L‹ bezeichnete.

Einer der Gründe für diese Arbeit war die Klärung der Wechselbeziehung zwischen lebenden Organismen und ihrer irdischen oder außerirdischen Umwelt. Wörtlich äußert sich Dr. Burr: »Wenn uns der Nachweis gelänge, daß lebende Formen von der sie umgebenden Elektrizität beeinflußt werden, würde dies bedeuten, daß auch der Mensch Bestandteil des Universums ist und als solcher, genau wie die Erde, den großen Kräften unterliegt, die im All wirken.«

Wir erwähnten bereits Dr. Burrs Experimente mit Bäumen, mit denen er zeigte, daß die Wachstumsrate der Bäume von den Bewegungen des Mondes beeinflußt wird. Dr. Burr entdeckte weiter, daß Änderungen im elektrischen Potential, die in Bäumen auftreten, denen des Erdpotentials entsprechen. Nachdem er die meteorologisch bedingten Einflüsse von Temperatur, Feuchtigkeit, Luftdruck usw. ausgeklammert hatte, kam Dr. Burr zu der Schlußfolgerung, daß der Grund für diese Beeinflussung durch den Mond die Veränderung im magnetischen Feld der Erde war. Diese wurde wiederum durch den Mondumlauf hervorgerufen.

Im Anschluß an die Studien von Dr. Burr wurden von Wissenschaftlern zahllose Experimente durchgeführt, die anzeigten, daß Pflanzen, die in der Nähe von Magneten gezogen werden, in diese Richtung neigen, genau wie sich Blumen auf dem Fensterbrett nach der Sonne ausrichten. Weiter hat man beobachtet, daß die Schößlinge und Wurzeln von Pfefferpflanzen unter dem Einfluß eines magnetischen Feldes besonders schnell treiben. Bei Weizensämlingen kann eine hundertprozentige Steigerung des Längenwachstums erreicht werden. Der Einfluß eines magnetischen Feldes kann das Wachsen von Zwiebelwurzeln verzehnfachen im Vergleich zu Zwiebeln, die dieser Behandlung nicht ausgesetzt sind. Zum gleichen Ergebnis kam Dr. R. P. Mericle von der Staatsuniversität in East Lansing, Michigan, der beschleunigtes Wachstum von Gerste in einem magnetischen Feld feststellte.

Diese Experimente untermauern die Beobachtungen von Frau Dr. Kolisko, die als eine der ersten in der Forschung darstellte, wie Pflanzen schneller wuchsen, wenn sie zu bestimmten Phasen des Mondes ausgesät waren. Wenn das beschleunigte Wachstum jener Jungpflanzen, die zur Zeit des Vollmondes gesetzt wurden, auf die in dieser Periode verursachten Veränderungen im erdmagnetischen Feld zurückzuführen ist, dann gäbe es tatsächlich eine wissenschaftliche Basis für die alte Volksweisheit, wonach die Bauern sich veranlaßt sehen, vorwiegend bei Vollmond auszusäen.

Wissenschaftler haben ebenfalls nachgewiesen, daß primitive Organismen, gleich Pflanzen, besonders empfindlich auf Veränderungen in ihrem unmittelbaren magnetischen Feld reagieren. Pantoffeltierchen, Schlammschnecken, Regenwürmer und Obstfliegen können gut zwischen der Nord-Süd- bzw. Ost-West-Achse eines magnetischen Feldes unterscheiden; bei Pantoffeltierchen wurde außerdem ein ausgesprochener Mondrhythmus in Orientierung und Wendeverhalten beobachtet. Zu Neumond zum Beispiel wenden sie sich um zehn Grad nach links von einer imaginären Nullachse ihres Körpers und bei Vollmond in entgegengesetzter Richtung, d. h. mit zehn Grad Abweichung nach rechts von der imaginären Nullachse, möglicherweise infolge ihrer Empfindlichkeit für das erdmagnetische Feld.

Man hat die Vermutung geäußert, daß der verblüffende Orientierungssinn der Zugvögel beim Überqueren der Meere von der Empfindlichkeit für das magnetische Feld der Erde herrührt. Wenn man die Flugstrecke der Vögel mit dem erdmagnetischen Kraftfeld vergleicht, ergibt sich, daß die Fluggenauigkeit durch striktes Einhalten eines festen Südkurses erreicht wird, der parallel zu den magnetischen Meridianen verläuft.

Die Doktoren Charles Walcott und Robert Green von der Abteilung für Zellforschung und vergleichende Biologie der Staatsuniversität von New York in Stony Brook berichteten in einer kürzlich erschienenen Ausgabe von *Science* über die Ergebnisse einer experimentellen Studie. Darin wird klar herausgestellt, daß die Brieftauben deshalb so sicher in ihre Heimatorte zurückfinden, weil ihr Instinkt von magnetischen Feldern gelenkt wird.

Das Experiment bestand zunächst aus einem Training der Vögel; man ließ sie sowohl bei sonnigem als auch bei trübem

Wetter von ihrem Startplatz nach Hause fliegen. Bevor sie losgelassen wurden, versah man sie mit Spezialkappen, die aus Drahtspulen mit einer kleinen Batterie bestanden. Diese erzeugten um den Kopf der Tauben ein kleines magnetisches Feld. Durch einfaches Umpolen der Batterie konnte die Richtung des magnetischen Feldes um den Kopf jedes Vogels ebenfalls umgekehrt werden. Neben ihren magnetischen Kappen wurden die Tauben auch mit winzigen Radiosendern ausgerüstet, so daß ihre Bewegungen ständig beobachtet werden konnten, wenn sie von der ihnen vorbestimmten Route abwichen.

Die Doktoren Walcott und Green stellten fest, daß die Vögel an sonnigen Tagen die richtige Richtung von ihren Startplätzen aus einschlugen, ohne Rücksicht auf die Lage des elektrischen Feldes um ihre Köpfe. Wenn keine Sonne schien, fanden die Tauben mit südwärts ausgerichtetem magnetischen Feld problemlos ihren Weg nach Hause. Hingegen flogen Tauben mit nordwärts gerichtetem Feld in die verkehrte Richtung. Das Experiment beweist, daß sich Brieftauben hauptsächlich nach der Sonne orientieren und bei bedecktem Himmel wahrscheinlich das erdmagnetische Feld zur Richtschnur nehmen. Dies ist um so naheliegender, da das erdmagnetische Feld an Tagen mit bezogenem Himmel stärker wirkt als an sonnigen Tagen.

In der Abteilung für Psychologie der Universität von Manitoba in Winnipeg hat Dr. Michael Persinger ebenfalls mit den Auswirkungen magnetischer Felder auf Tiere experimentiert. Im Rahmen dieser Studien beobachtete er ein deutliches Ansteigen des Bewegungsdranges bei Ratten, die einem solchen Stimulans ausgesetzt waren, im Vergleich zu anderen nicht exponierten Ratten.

Diese und viele weitere in Amerika durchgeführten wissenschaftlichen Laborversuche haben offenbart, daß Tiere auf Schwankungen in magnetischen Feldern reagieren, und daß diese Empfindlichkeit ihr Verhalten nachhaltig prägt. Geht man mit diesen Erkenntnissen vor Augen einen Schritt weiter, dann erscheint es denkbar, daß der an Hamstern, Ratten und anderen Tieren beobachtete Bewegungsdrang zu bestimmten Phasen des Mondes auch mit der Einwirkung des Mondes auf das magnetische Feld der Erde in Verbindung steht. In diesem Zusammenhang ist die Feststellung interessant, daß viele Menschen behaupten, bei Vollmond schlecht ein- oder durchschlafen zu können. Dabei ist es durchaus möglich, daß diese Unruhe in solchen Nächten ihrem Säugetier-Erbteil entspricht, welches sie dann besonders ›nervös‹ macht. Diese Unruhe könnte auch für die erhöhte Geburtenzahl bei Vollmond verantwortlich sein. Wir dürfen mit Sicherheit annehmen, daß diese Geburten auch auf Empfängnisse bei Vollmond zurückgehen, da die Schwangerschaft beim Menschen genau neun Mondmonate oder 266 Tage dauert, was besagt, daß der Tag der Geburt denselben Stellenwert im Mondzyklus einnimmt wie der Tag der Empfängnis. So amüsant es auch erscheinen mag, wir haben so unsere Erfahrungen mit natürlichen ›Katastrophen‹, wie zum Beispiel die große Verdunkelung der Ostküste Amerikas am ›Schwarzen Dienstag‹ (9. November 1965). Wenn die Menschen nichts Besseres anzufangen wissen und nicht einschlafen können, unterhalten sie sich schließlich auf eine sehr spezielle Art. Das Vergnügen fand seine Krönung in einem kleinen ›Baby-Boom‹ in diesem Landesteil. Wie wir bereits wissen, war der ›Schwarze Dienstag‹ gar nicht mal so dunkel – denn es war ja Vollmondnacht. Wenn also der Vollmond die Menschen wachhält und auch der weibliche Menstruationszyklus auf irgendeine Weise so synchronisiert ist, daß Frauen zu dieser Zeit empfängnisbereit sind, dann kann man in dieser Kette von Umständen getrost die eigentliche Ursache für den Bevölkerungszuwachs in den Entbindungsanstalten während der Vollmondnächte sehen.

Eine weitere Bestätigung des Mondeinflusses auf die Geburtenrate kam von Dr. Michael Gauquelin vom Laboratoire D'Etude des Relations entre Rhythmes Cosmiques et Psychophysiologiques (Laboratorium zum Studium der Beziehungen zwischen kosmischen Rhythmen und Psychophysiologie) in Paris, Frankreich. Aufgrund seiner eingehenden Studien ist es absolut erwiesen, daß Veränderungen der geomagnetischen Aktivität in engem Zusammenhang mit den Statistiken über Geburten stehen. Dr. Gauquelin vermutet, daß der Mond auf irgendeine Weise eine Störung im magnetischen Feld der Erde auslöst, die stark genug ist, um von dem ungeborenen Kind empfunden zu werden, so daß eine Synchronisierung zwischen Geburt und Position des Mondes erfolgt.

Bevor wir weitergehen, um einige andere Auswirkungen des Mondes auf menschliches Verhalten zu betrachten, wollen wir uns noch einmal mit einer wichtigen Beziehung zwischen dem Mond und einer biologischen Funktion befassen. Erinnern wir uns, daß einer der frühen sogenannten Aberglauben sich jetzt schon als richtig erwiesen hat, nämlich das vom Mondzyklus in Mitleidenschaft gezogene Gerinnen des Blutes. Hierüber berichtete vor einigen Jahren Dr. Edson J. Andrews, der entdeckte, daß die heftigsten nachoperativen Blutungen um die Zeit des Vollmondes auftraten. Ohne direkten Bezug auf die Gerinnungszeit des Blutes zu nehmen, berühren eine Anzahl japanischer Untersuchungen dieses Problem. Es wurde nachgewiesen, daß während der Perioden erhöhter Sonnenaktivität mit gleichzeitig gesteigertem Erdmagnetismus die Anzahl der Leukozyten abnimmt. Leukozyten sind weiße Blutkörperchen im Blut, deren Aufgabe darin besteht, schädliche Substanzen zu zerstören, die in den Körper eindringen. Folglich führt jede quantitative Verringerung zu einer Herabsetzung der Widerstandskraft des Körpers gegen Krankheiten. Der Umstand, daß der Rückgang von Leukozyten tatsächlich mit dem Ansteigen des Erdmagnetismus zusammenhängt, konnte experimentell durch Laborversuche nachgewiesen werden, wobei Tiere magnetischen Feldern verschiedener Stärke ausgesetzt wurden. Ob es sich nun um natürliche Schwankungen des magnetischen Feldes durch außerirdischen Einfluß handelte oder diese bewußt für experimentelle Zwecke erzeugt wurden, das Ergebnis war stets das gleiche – die Anzahl der Leukozyten sank beträchtlich und mit ihr die Widerstandskraft des Körpers. Dies könnte vielleicht erklären, warum es in Perioden von gesteigertem Erdmagnetismus mehr Todesfälle durch Herzversagen gibt.

Die Sensitivität des menschlichen Körpers für äußerst schwache elektromagnetische Felder, wie sie im allgemeinen in der Natur vorkommen, ist ein interessanter Aufgabenbereich, der erst seit kurzem an Bedeutung gewonnen und die Aufmerksamkeit der Wissenschaftler auf sich gelenkt hat. Es ist noch gar nicht so lange her, daß man dieser Idee seitens der Wissenschaft skeptisch gegenüberstand, da die Menschen schon immer vielen Arten von elektromagnetischen Strömen ohne sichtbaren Effekt ausgesetzt waren. Diese Auffassung hat sich inzwischen gewandelt. Da uns heute immer mehr Informationen zur Verfügung stehen, erkennen wir schneller, daß Elektromagnetismus nicht nur eine erhebliche Wirkung auf den Gesundheitszustand unseres Körpers ausübt, sondern gleichermaßen auf unser Gemüt.

In einem Experiment, das zum Ziel hatte, die Sensitivität der Menschen auf magnetische Felder zu prüfen, wurde eine Gruppe von Versuchspersonen in einen verdunkelten Raum geführt und zwischen zwei schwache Elektromagnete gestellt. Es sollten die Reaktionszeiten getestet werden, und die Teilnehmer wurden aufgefordert, eine Anzeigetaste zu drücken, sobald eine rote Lampe in etwa zwei Metern Entfernung von ihnen aufleuchtete. Es stellte sich heraus, daß ihre Reaktionszeit – d. h. die Intervalle zwischen Aufleuchten der Lampe und dem Drücken der Taste – bedeutend länger war, wenn die Teilnehmer ihre Aufgabe inmitten eines elektromagnetischen Feldes erfüllten, als ohne dieses Feld. Augenscheinlich hatte das für das Experiment erzeugte magnetische Feld die Weiterleitung der Nervenimpulse vom Auge zum Gehirn oder von dort zur Hand oder beides in irgendeiner Weise verzögert.

Während eine verlängerte Reaktionszeit nur von untergeordneter Bedeutung erscheint, sollte man sich all die Situationen vor Augen halten, in denen eine Verzögerung von einem Bruchteil einer Sekunde fatale Folgen haben kann. So könnte es zum Beispiel mehr Autounfälle geben, wenn die Fahrer eine Sekunde länger brauchten, um auf eine Gefahr zu reagieren, und das sogenannte menschliche Versagen eines Flugzeugpiloten kann wegen einer Verzögerung der Reaktionszeit um den Bruchteil einer Sekunde Hunderten von Menschen das Leben kosten. Wir wissen, daß die Sonnenfleckenaktivität den Elektromagnetismus der Erde beeinflußt, jedoch bereitet es Schwierigkeiten, diese Ausbrüche auf der Sonne zeitlich exakt vorauszusagen. Das ist dagegen beim Mondzyklus nicht der Fall. Da hierdurch die Intensität des erdmagnetischen Feldes ebenfalls beeinträchtigt wird, sollten wir zu gewissen Zeiten beim Autofahren nicht besonders vorsichtig sein oder unsere Flugreisen aufschieben?

Eine weitere bemerkenswerte Beziehung zwischen menschlichem Verhalten und Veränderungen im erdmagnetischen Feld betrifft das Auftreten von seelisch bedingten Problemen. 1963 berichtete Dr. O. Becker, Chirurg am Syracuse Veteran's Administration Hospital, über die Ergebnisse einer von ihm mit zwei anderen Ärzten durchgeführten Studie, worin er die Anzahl der Aufnahmen in sieben Zentralkliniken im Bundesstaat New York, unter Berücksichtigung einer veränderten Intensität des erdmagnetischen Feldes, vergleicht. Die unverkennbare Wechselbeziehung brachte Dr. Becker zu der Schlußfolgerung, die er in *Newsweek* (vom 13. Mai 1963) veröffentlichte, daß selbst geringe Änderungen in der Stärke des erdmagnetischen Feldes Einfluß auf das menschliche Nervensystem haben können. Bei Zunahme von magnetischen Störungen steigert sich die Nervenaktivität im Gehirn und verursacht als Folge davon bei manchen Menschen das Ausbrechen einer Geisteskrankheit. Andererseits ist bei Nachlassen der magnetischen Störungen die Anzahl der Patienten, die um Aufnahme in eine Nervenklinik nachsuchen oder dort eingeliefert werden, rückläufig. »Wachsamkeit ist also geboten«, schreiben Dr. Becker und seine Kollegen, »im Hinblick auf eine bisher nicht beachtete Dimension in der Kompliziertheit seelischer Krankheitserscheinungen insbesondere, und vielleicht im menschlichen Verhalten ganz allgemein.«

Haben diese Bemerkungen auch Gültigkeit für die erhöhte Anzahl von Aufnahmen in Nervenkliniken während des Vollmondes? Da auch der Vollmond die Intensität des Geomagnetismus steigert, ist es durchaus denkbar, daß die vermehrte Unruhe des Geisteskranken auf erhöhte elektrische Gehirnaktivität zurückzuführen ist, die sich bei Anwachsen des erdmagnetischen Feldes einstellt.

Nicht alle Geisteskrankheiten finden ihre Behandlung in Nervenanstalten. Anstatt woanders Hilfe zu suchen, können Geisteskranke an sich selbst oder Dritten gegenüber gewalttätig werden. Wir haben bereits vermerkt, daß die Selbstmordrate bei Vollmond steigt. Ein gleiches Ansteigen kommt während Perioden verstärkter Sonnenaktivität vor. Die außergewöhnliche Empfindsamkeit mancher Menschen auf magnetische Felder ist auch von Dr. Yves Rocard, Leiter der Physikalischen Versuchsanstalt der Pariser Universität, hervorgehoben worden. Sie ist die Basis für die alte Praxis des ›Wünschelrutengängers‹ auf der Suche nach Wasser mittels seiner Wünschelrute. Dr. Rocard gibt zu, daß die Fähigkeit des Wünschelrutengängers meistens nur als Aberglaube abgetan wird. Nach seiner Meinung kommt es trotzdem vielfach vor, daß, wenn gewisse geophysikalische Voraussetzungen erfüllt sind, oft eine Art Stimulans die Wünschelrute in den Händen des Wünschelrutengängers nach oben oder unten ausschlagen läßt, unabhängig von seinem Willen. Wenn auch eine direkte Einwirkung des Wassers auf die Bewegungen der Wünschelrute nicht zugegeben wird, so weist Dr. Rocard doch auf den Umstand hin, daß tatsächlich oft Wasser gefunden wird, wo die Wünschelrute in bizarren Bewegungen ausschlägt. Dr. Rocard fand, daß einer der wichtigen Faktoren, der den Wünschelrutengänger beeinflußt, das erdmagnetische Feld sein könnte. Denn in den Händen eines Experten bewegt sich die Wünschelrute oft in Gegenden mit uneinheitlichem magnetischem Feld. Je größer diese geomagnetische Unregelmäßigkeit ist, desto stärker ist das ›Signal‹ und »keiner muskulären Anstrengung gelingt es, die Rute zurückzuhalten«.

Der Grund, warum Wasser so oft dank dieser Empfindsamkeit für magnetische Ströme gefunden wird, ist nach Dr. Rocards Erklärungen folgender: Wenn Wasser durch poröses Material sickert oder in durchlässigen Lagen in der Nähe von Lehmschichten vorhanden ist, produziert es einen schwachen elektrischen Strom gleich dem einer Speicherbatterie. Bei genügend leitfähiger Bodenbeschaffenheit würde der Strom im Boden wie ein kleiner Elektromagnet wirken, welcher somit die magnetische Unregelmäßigkeit für den Wünschelrutengänger wahrnehmbar macht. Obwohl die Ausstrahlungen des magnetischen Feldes im allgemeinen vom Menschen nicht wahrgenommen werden, hat sich gezeigt, daß unter bestimmten Voraussetzungen erhöhter Sensitivität – etwa nach einer Hypnose oder Mescalinvergiftung*, sonst unempfindliche Personen für diese Art von Stimulans empfänglich gemacht werden können. Aber offensichtlich ist die Empfänglichkeit für magnetische Strahlungen beim echten Wünschelrutengänger bereits vorhanden. Diese Erklärung wird in der Tat dadurch unterstützt, daß geübte Wünschelrutengänger fähig sind, die Anwesenheit von künstlich im Laboratorium erzeugten elektromagnetischen Feldern aufzuspüren, wo man diese Felder ohne Wissen der Testperson ein- und ausschalten kann.

Ein Experiment in dieser Richtung wurde von dem holländischen Wissenschaftler Dr. S. W. Tromp durchgeführt. Unter seiner gewissenhaften Aufsicht wurden künstliche magnetische Felder in besonderen Gebieten aufgebaut, durch die einige Wünschelrutengänger zu gehen gebeten wurden. Ihnen wurde weiter aufgetragen, Spezialausrüstung anzulegen, die es Dr. Tromp ermöglichen sollte, Elektrokardiogramme aufzunehmen

* Mexikanisches Rauschmittel.

und laufend Messungen der Intensität des magnetischen Feldes durchzuführen. Dr. Tromp bestätigte die Tatsache, daß Wünschelrutengänger imstande waren, äußerst kleine Änderungen des magnetischen Feldes in Größen von einem Millioersted (Maßeinheit der magnetischen Feldstärke), wahrzunehmen, die noch weit unter den Werten für das magnetische Feld der Erde lagen. Da die Stärke der magnetischen Strömung viel zu gering ist, um allein das Ausschlagen der Wünschelrute zu bewirken, meinte Dr. Tromp, daß die geringfügigen, durch unterirdische Wasseradern bedingten Veränderungen des magnetischen Feldes sehr leichte Muskelkontraktionen im Arm des Wünschelrutengängers verursachen, die sich auf die Bewegung der Wünschelrute übertragen.

»Was auch immer die Ursache des merkwürdigen Reflexes des Wünschelrutengängers sein mag, soweit er auf kleine magnetische Veränderungen zurückzuführen ist«, schreibt Professor Rocard, »sie zwingt uns, ganz neue Möglichkeiten magnetischer Reaktionen auf lebende Organismen in Betracht zu ziehen.«

Die angeführten Experimente mit Pflanzen, Tieren und vor allem mit Menschen zeigen deutlich, daß lebende Organismen auf erdmagnetische Schwankungen ansprechen. In vielen Fällen werden solche Änderungen des erdmagnetischen Feldes vom Mond bewirkt, und es kann daher auch nicht verwundern, daß der Mond einen so starken Einfluß auf unser Verhalten ausübt. So tat er es in der Vergangenheit, so ist es heute, und auch in der Zukunft wird es so bleiben. Da wir stets mehr von seinem Einfluß begreifen lernen und seinen starken Einfluß auf alle Lebewesen der Erde zu schätzen wissen, werden wir möglicherweise eines Tages die Kraft nützen können für die Verbesserung unserer Lebensweise. Darüber hinaus wird die schillernde Pracht unseres einzigen natürlichen Satelliten uns erfreuen, wenn er hoch über unserer Erde im monatlichen Wechsel durch den Himmel zieht.

Namen- und Sachregister